浙江文化艺术发展基金资助项目

PROJECTS SUPPORTED BY ZHEJIANG CULTURE AND ARTS DEVELOPMENT FUND

浙江文化
基因丛书

吴越◎主编

八婺菁华

金华经济开发区文化基因

李　静◎编著

杭州出版社

图书在版编目（CIP）数据

八婺菁华 ： 金华经济开发区文化基因 / 李静编著.
杭州 ： 杭州出版社，2025. 1. --（浙江文化基因丛书 /
吴越主编）. -- ISBN 978-7-5565-2727-4

Ⅰ. G127.553

中国国家版本馆 CIP 数据核字第 2024VQ0111 号

BAWU JINGHUA——JINHUA JINGJIKAIFAQU WENHUA JIYIN

八婺菁华——金华经济开发区文化基因

李 静 编著

策　　划	屈　皓
责任编辑	邹乐陶
责任校对	陈铭杰
装帧设计	卢晓明　魏君妮　屈　皓
美术编辑	王立超
责任印务	王立超
出版发行	杭州出版社（杭州市西湖文化广场 32 号 6 楼）
	电话：0571-87997719　邮政编码：310014
	网址：www.hzcbs.com
排　　版	杭州立飞图文制作有限公司
印　　刷	天津画中画印刷有限公司
经　　销	新华书店
开　　本	710mm×1000mm　1/16
印　　张	15
拉　　页	1
字　　数	237 千字
版 印 次	2025 年 1 月第 1 版　2025 年 1 月第 1 次印刷
书　　号	ISBN 978-7-5565-2727-4
定　　价	68.00 元

"浙江文化基因丛书"编委会

"浙江文化基因丛书"序

习近平总书记指出："支撑 5000 多年中华文明延绵至今的，是植根于中华民族血脉深处的文化基因。"① 浙江是中华文明的重要发源地之一，文化底蕴深厚，文化名人辈出。一叶红船从嘉兴南湖驶出，在时代浪潮中驭势而行；沿"唐诗之路"踏歌而行，千古诗篇回响在山水之间；还有良渚文化、宋韵文化、上山文化、黄帝文化、南孔文化、和合文化、阳明文化、丝瓷茶文化、古越文化、吴越文化……这些文化基因，共同铸就了浙江的"根"和"魂"。

2024 年 3 月 6 日，浙江省文化广电和旅游厅印发《浙江省文化基因激活工程实施方案（2024—2026 年）》，这是继 2020 年浙江省文化和旅游厅印发的《浙江省"文化基因解码工程"实施方案（试行）》《浙江省"文化基因解码工程"工作导则》和 2021 年 8 月浙江省文化和旅游厅印发的《建设文化标识推进文旅融合行动计划（2021—2025 年）（试行）》之后，为更好担负起新时代新的文化使命，深入贯彻省委十五届四次全会部署，在全省实施的又一项文化基因重大工程。

① 习近平：《携手建设更加美好的世界》（2017 年 12 月 1 日），人民出版社，2017 年，第 3 页。

文化基因解码工程，是文化基因激活工程的坚实基础。文化基因，顾名思义，是指从文化形态切入，厘清其历史渊源、发展脉络、基本走向，从物质、精神、制度要素，语言和象征符号等进行分析、解码所提取的关键知识内核。文化基因解码，围绕中华优秀传统文化、革命文化和社会主义先进文化，按照3个主类、20多个亚类、约100个基本类型分别归档，确保历史年代、地理位置、流布范围等数据均记录在册，挖掘、研究、阐释优质"文化基因"，对全省文化资源进行全面梳理。这是一项集"查、解、评、用"于一体的综合性系统工程。全省开展90个县市区的文化基因解码任务，包括文化元素调查、文化基因解码评价、《文化基因解码报告》撰写、证据资料汇总保存建档等，并在此基础上建成"浙江文化基因库"。文化基因解码，起于"查"，终于"用"。"查"就是铺开"一张网"，广泛收集区域内的文化资源，作为"解"的对象。"解"重在找准四大要素，提取一组基因。四大要素是指物质要素（如原料、工具、环境等）、精神要素（如思想观念、群体性格等）、制度要素（如乡规民约、族规家规、礼节礼仪、表演技艺、创作技法等）、语言和象征符号（如方言、图形、标志、表情、动作、声音等）。通过对四大要素的分解梳理，遴选重点文化元素作为解码对象，从中提取出关键性的知识（技术）点。然后通过对选择的文化基因解码，从生命力、凝聚力、影响力、发展力四个维度进行质量评价。最终用基因塑造IP，以文旅IP开发作品、设计产品，以作品、产品点亮城市生活、赋能乡村振兴。浙江以文化基因为根、文旅融合IP为脉，打造了一条以城带乡、城乡互促的发展闭环，推动文化资源的"活化"利用，把解码成果与提高人民群众生活品质相结合，这就是"用"。以人文之美推动精神之富足，增强浙江高质量发展建设共同富裕示范区的文化自觉。

显然，文化基因是传承和创新的基石。文化基因作为一个社会文化系统的逻辑起点，是一个社会存在和进化、变革和发展的决定力量。文化基因解码就是要把社会文化系统中所表现出来的文化形态、思维方式、行动模式、礼仪符号、风俗习惯等加以还原，揭示其本初原因和底层逻辑。改革开放四十余年来，浙江出现了令人瞩目的"浙江现象"，表现为快速的经济增长、蓬勃的发展活力、和谐的社会环境、显著的民生绩效。"浙江现象"源于浙江精神和浙江的文化基因。正确界定、充分挖掘浙江文化的内涵价值，解码浙江的文化基因，对于构建起有效支撑文化建设和旅游发展的"四梁八柱"，推动文化建设和旅游发展各项指标持续名列全国前茅，着力建设新时代文化高地、中国最佳旅游目的地、全国文化和旅游融合发展样板地具有重要而深远的意义。

如何寻找突破口？各地在选"码"、解"码"、用"码"的整个闭环中，成立解码专项小组，构建"乡土专家＋高校资源＋系统人才"三方协作机制，高效推进解码工程。首批编辑出版的"浙江文化基因丛书"中汇集的富阳、南浔、南湖、绍兴、瑞安、平阳、苍南、普陀、岱山、嵊泗、定海、临海、南孔圣地、开化、常山、金华（经开区）、遂昌、云和、景宁、宁波江北等地的研究成果，正是在归纳总结、科学分析浙江文化基因的基础上，探索文化基因解码的方法和路径，同时从人类学、社会学的角度，运用现象学原理，在哲学层面进行解构、剖析，既有理论深度，又能方便应用。丛书勾勒出各地推进文化基因解码工程的概貌。成果本身的内容、方法、转化等，对各地都有很强的示范作用和借鉴意义。

可以说，"浙江文化基因丛书"中的成果，以浙江文化高质量发展为目标，以融合发展为重点，紧扣激活优秀文化基因，以文化基因的挖掘利用赋能文化事业和文旅产业发展，为我省文旅发展再上新台阶、为文化浙江建设贡献了力量。

叶志良

2024 年秋于杭州

目　录

前　言

　　金华，拥有两千多年的历史和灿烂的婺州文化，文脉源深，泽被浙中，是浙江中部文化多元共融的典型样板。金华人杰地灵，素有"历史文化之邦、名人荟萃之地、文风鼎盛之城、山清水秀之乡"美誉。回望历史长河，金华在浙江政治、军事、经济、文化史上都具有举足轻重的地位。在这里，钱镠、朱元璋曾率兵驻扎，太平天国的指挥部侍王府，周恩来抗战烽火行等等，都曾经在金华留下光彩华章，革命人士更是一度云集婺城。宋元时期，金华学风鼎盛，以吕祖谦、陈亮、北山四先生以及名儒宋濂为代表人物的婺学更是名噪一时，诞生于这片热土的婺州名士灿若群星。

　　金华经济技术开发区是国家级经济技术开发区，下辖一乡三镇四街道（苏孟乡、汤溪镇、罗埠镇、洋埠镇、秋滨街道、三江街道、西关街道和江南街道），境内的汤溪为古婺州的八婺之一。区内山水秀丽奇绝，历史源远流长，拥有丰富的自然和人文旅游资源。

　　金华经济技术开发区贯彻落实浙江省文化和旅游厅关于开展"文化基因解码工程"的部署，立足于区内文旅资源，持续推进落实文化基因解码工程。在全面调研、深入挖掘和充分记录的基础上，力求抓住区内文化元素中最具有代表性、最核心的文化要素，精准把握文化基因及其形成、发展的历史脉络，做到精准解码，促进地域文化的创造性转化、创新性发展。

　　通过全面调研、挖掘和整理，金华经济技术开发区共梳理了文化元素163个，涉及2大主类、12个亚类、30个基

本类型，覆盖了中华优秀传统文化、革命文化等各个类型，基本描绘出金华经济技术开发区的文化脉络和精神谱系。

为更好地宣传推广优秀的历史文化基因，金华经济技术开发区将结合各地文化特点，以"文化共享""文化传承""文化融合""文化创新"四大工程为引领，对能彰显区内精神风貌的标志性、唯一性文化元素集中力量进行全方位解码。自此，金华经济技术开发区将切实抓紧、抓实、抓好文化基因解码和文化标识建设工作，建立文化基因转化利用长效机制，多角度、多维度开展转化利用实践，高密度、高标准集中宣传，推介文化建设、守护文化根脉、创立文化标识，努力实现解码成果进一步融入旅游、融入产品、融入城市建设，为高质量建设共同富裕示范区作出新贡献。

与此同时，金华经济技术开发区将以历史文化基因为墨，精选大数据技术为毫，绘就崭新的时代画卷。今后，区内将培育和打造一批具有示范性、影响力的文化基因转化利用项目和文旅文创产品，全面激活优秀的文化基因，打造展示地方文化的重要平台和对外文化交流的主阵地，助力金华经济技术开发区优秀的历史文化基因通过文旅载体走进当代，推进金华这座文化名城的建设和发展。

金华经济技术开发区管理委员会

二〇二四年三月

汤溪菜十大碗

八婺菁华 金华经济开发区文化基因

汤溪菜十大碗

　　汤溪历史悠久，早在一万年以前，就有先民在这里耕作、生活，孕育出灿烂的上山文化；春秋时期，神秘的姑蔑古国曾统治这里；明成化七年（1471），汤溪置县，其范围包括了今天的罗埠、洋埠、蒋堂、琅琊、沙畈、塔石、岭上、莘畈等地。在长期的演化发展中，汤溪逐渐形成了以当地自然环境为基础的独特的地方文化。生活在这里的父老乡亲、妇孺翁媪，其语言、衣食住行、风俗习惯等，也无一不体现当地这种特有的文化传承。

　　汤溪在地理位置上地处金衢盆地腹部，既有高山，又有丘陵、平原，湖河密布雨量充沛，四季分明，大自然对汤溪的恩赐亦很是丰厚：温暖的季风、充足的水份是这片土地的养料，地处金衢盆地的优越位置则是汤溪的摇篮。勤劳的汤溪人在这样富饶的土地上，不仅收获着大自然回馈的丰富物产，还传承创新着古老灿烂的汤溪饮食文化。

明清时期，随着客家菜、徽菜的传入，汤溪菜接受了外来文化，逐渐形成了独特的传统烹制手法，孕育了与时令祭祀、人生礼仪等相关的饮食文化，在传统节日还保留着流传数百年的饮食仪式。据汤溪民俗文化研究会创办的《仙舟采风》记载："风行汤溪千百年的大席酒'十大碗'（俗称'十碗头'），是一种古老而传统的饮食文化。谁家办喜事，必摆大席酒，相当隆重热闹。吃什么菜？有几大碗？哪些菜先上桌？谁先动第一筷？这些都有一套礼数。"但对于古时大席酒，除了汤溪当地80多岁以上老人还有一点零星记忆外，现在已无人会烹制了。

岁月变迁，菜品经过无数的改变和演绎，融入了汤溪劳动人民勤劳和智慧的结晶，沉淀出独特的风味，深深地埋藏在汤溪人的味蕾之中。传统的"十大碗"作为古时民间的一种婚宴菜肴，如今已演变成饭店寻常待客的"新十大碗"。古法白切鸡、白皮椒炒肉、山里腌菜、水肉圆、牛腩千张、烂菘菜滚豆腐、葱花肉、胡瓜炖黄鳝、毛芋梗煮青豆、鸡蛋面都成了新汤溪菜的代表，也是最地道的汤溪菜。

地道的汤溪菜味道浓郁、香辣可口、土味十足，以最常见的材料创造最鲜香的口味。一道白皮辣椒最能诠释此中滋味，精选的五花肉配上汤溪特有的白皮辣椒，在葱、蒜、姜的带动下，鲜辣的口感使之成为一道最正宗的汤溪下饭菜。老汤溪人经常说正宗的汤溪菜源自客家菜，又咸又辣又油，许多菜品都离不开一个"腌"字和"盐"字。腌白菜、腌芥菜、腌豇豆……汤溪腌菜种类繁多，用茶籽油炒制，烹点黄酒，便是汤溪人最爱的"饭遭殃"。

其实，汤溪菜大多发源于乡村生活点滴，最寻常的乡间食材，经过多道工序，每一道菜都充满着生活智慧。水肉圆就是其中的代表，些许番薯粉稍微加工，花一点钱买一些豆腐，再加上些许肉沫，就是一道美味。将肉沫拌在番薯粉里，搅拌均匀，团成球型下入开水中，待一只只浮起，汤也变浓稠。便可捞起来盛盘，撒上香葱，一桌人围着，又当菜又当主食，不仅鲜香软糯，还劲道十足。过去，一大家子人口众多，难得吃顿肉。心灵手巧的妇女总能想着法子让一家人吃到不一样的美食。

如今，汤溪从事餐饮业的人才丰富，活跃在汤溪本地、金华及周边地区，甚至遍布全国各地。随着金华旅游和餐饮业的发展，汤溪饮食也成为了其中不可缺少的一部分。近年来，汤溪饮食不断放大传统饮食文化的向心力、凝聚力、号召力，以饮食文化熏陶民风，凝聚起当地社会发展的强大合力，用饮食文化的力量不断推动当地社会高质量发展，为金华旅游、餐饮业发展起到了有力的助推作用。

一、要素分解

（一）物质要素

1. 汤溪古法白切鸡

白切鸡一直是汤溪人款待宾客的上品菜肴。旧时，除了食客老饕，一般也就逢年过节招待贵客的时候才会烹制。鸡要选用十个月以上经阉割过的公鸡。传统的做法是：鸡肉与夹心肉同煮，放少量盐，不放任何调味料及香料，入大灶，用柴火煮至肉酥鸡软，凉后切块。古法烧制的白切鸡，讲究鸡肥流油。

上桌时，鸡肉要与土酱油一起，鸡肉要蘸酱油吃才鲜美。咬一口，油脂渗入肉中，鸡肉的香嫩缓缓渗入口中，真乃人间上品。这也是汤溪白切鸡与众不同的做法，古今沿袭。

肚。这道菜小孩子们觉得辣，却成为大人们口中的佳肴。

2.白皮辣椒炒肉

白辣椒，主产地在古汤溪县洋埠镇，洋埠镇几乎家家户户都种白皮辣椒。洋埠特有的沙质土和潆水（现衢江水）的灌溉，使得种出来的辣椒有皮薄、色白、味辣的特点，大家都把这种辣椒称为汤溪白辣椒。当地种植的白皮辣椒更是远近闻名。嫩时鲜甜，成熟香辣，红时作辣酱更是上等佐料。割些鲜肉，挑些嫩的老的白皮辣椒，将肉炒出油，下辣椒，烹酱油酒炒熟出锅。干香的肉，鲜辣的辣椒，配酒可以喝进一大口，就着饭两碗也能下

3.汤溪山里腌菜

腌白菜、腌芥菜、腌豇豆……汤溪腌菜种类繁多。其中，腌豇豆与荞头和小白黄瓜混炒最好吃。采摘白色乳黄瓜，经炭火烘去部分水分，与老荞头、辣椒及小南瓜或豇豆一同腌制，用菜油或茶油炒制，烹点黄酒，汤溪人称"饭遭殃"。酸爽可口，保证让你好吃到停不下来。过去，家家户户都有几个腌菜坛子，一年到头总是持续不断有腌菜上桌。早饭，从腌菜坛子里捞出一些腌菜切了，再用浓香的菜籽油煸炒，配点稀饭和粥，也可以下饭，足足能吃一整天了。

4. 汤溪小肉圆

汤溪的老人经常说只要家里有山粉（番薯粉）就有菜，来了客人也不怕。花一点钱买一些豆腐，再买点肉。将肉切碎拌在山粉里，搅拌均匀，用筷子或调羹自然放入肉汤煮。等一只只浮起来，热腾腾得熟了，汤也变些稠了。捞起来盛盘，撒上香葱，一桌人围着，又当菜又当主食，不仅鲜香软糯，还劲道十足。

自古以来，汤溪一带加工豆腐和千张就小有名气。现在，还有很多人家过年也会亲自动手做豆腐。以前，千张只有做豆腐买卖的人才会，并不是每家每户熟悉他的制作工艺，因此，千张也只有富人家才能吃得起。千张在压制后，水分流失，吃起来有些糙，所以得配以肉炖才能柔嫩。过去，主妇看到牛肚帮（即牛腩）只要猪肉的一半价钱，便用来替代猪肉炖千张。将千张用煮牛原汤，与牛腩一同烧制，牛肉酥烂，千张软滑，汤汁醇香，美味无比，营养丰富。这道菜味道鲜美，价钱还比猪头更加经济实惠，一下子就在民间推广开了。久而久之，就演变成了今天汤溪人餐桌上的特色菜肴美食了。

5. 汤溪牛腩千张

6. 烂菘菜滚豆腐

相传汤溪城外上境村有一个姑娘

叫十三妹,人称"豆腐西施"。十三妹嫁给了湖前村卖菜的帅小伙胡春哥。婚后,十三妹卖豆腐,胡春哥卖菜。有一天,下大雨,胡春哥把晾干的菜收起,顺手往屋檐下一堆,又忙去了。过几天,十三妹一翻,发现菜根热得烫手。她就把这些菜都腌了起来,半年后,腌菜都烂成菜汤了。但她舍不得扔,盛了两碗倒进锅里,又掰了两块豆腐扔进去。顷刻间,一股臭中带香,鲜中带辣,又辣又鲜又香的气味弥漫开来。隔壁正生着病的邻居胡刚吃了两碗,病竟好了。这事一传十,十传百,慢慢地,烂菘菜滚豆腐成了汤溪一道特色菜。

羊、鸡等家畜家禽,宰杀后都要进贡官府享用,否则就是违法,将受到纠办。有个姓李的屠夫,为了让母亲吃一可口的猪肉,想到一个好办法。他把猪内脏中网油、花油等取出带回家。加上葱、面粉之类的佐料,再裹进一些割猪肉时掉下的肉碎末,包成一块块葱油饼,然后用猪油入锅炸熟,送给母亲食用。没想到,母亲吃了这个葱油饼后,十分开心,连称好吃。为躲避官府禁令,李屠夫就称之为葱花饼,慢慢地成了汤溪的一道名菜。

8. 胡瓜炖黄鳝

胡瓜由张骞出使西域时带回,至后赵时,皇帝石勒下令说话和作文都不准用"胡"字后,改称了黄瓜,不知汤溪是天高皇帝远没收到命令,还是违抗天命,一直叫着胡瓜,按理说

7. 汤溪葱花肉

相传早年汤溪一带官府腐败。官员不准民间百姓食肉,所有的猪、牛、

如收到命令的话，该叫"红瓜"树。后来市面上有了青色的黄瓜，汤溪人不管青白，统统叫做了胡瓜。土黄鳝用菜油煸透，下高汤与汤溪白黄瓜同煮，白黄瓜的清香与黄鳝的鲜美融于汤中，汤汁醇厚，黄瓜黄鳝软糯，老少皆宜，营养丰富。

大豆收获后掉在地里的小豆粒，回家将小豆粒和毛芋梗放在一起，入锅煮沸后食用。没想到，这毛芋梗经盐腌制后，燥味全无，成了一道口味极佳的美食。这下四邻八舍都学着捡拾毛芋梗，回家烧菜吃了。

9. 毛芋梗煮青豆

早些年，汤溪有户洪姓人家，因为父母常年生病，田地卖光了，人称洪光，只好靠打短工谋生，家中穷得叮当响，常常是吃了上顿没下顿。有一年秋收之前，洪光家中又没有吃的了，看到父母躺在床上唉声叹气，洪光心如刀割，他只好到田里捡别人挖毛芋后，丢弃在田里的芋梗，拿回家后，将芋梗最下端净白的一段洗净，切成小段，用盐浸泡数日后，除去芋梗的燥腥味。洪光又到田野里捡拾别人

10. 汤溪鸡蛋面

相传汤溪有户人家，因为家穷岳父看不起他，尽管女儿女婿多次邀请，但岳父岳母一次都不上门做客，这让女儿心里很难受。有一次，岳母思女心切，就瞒着岳父偷偷一个人来看女儿。这下把女儿乐坏了，想张罗着给母亲做点好吃的。可是，她在家里只找到半碗淀粉和鸡蛋。她把鸡蛋敲在碗里，抓两把淀粉，加水调成糊状，然后下锅煎成一张圆圆的薄饼。可是，就这么一只鸡蛋饼，母亲也吃不饱。女儿就将薄饼切成细条，像煮面条一样下锅煮熟，然后加上葱、姜、蒜和

辣椒，这么一搭配，这鸡蛋面的鲜味就体现出来了。比普通面条更柔更韧，而且汤汁鲜美，即可当菜又可点心。母亲吃得满脸通红，赞不绝口。从此汤溪鸡蛋面也就扬名当地，成了汤溪人招待客人的主要美食。

（二）精神要素

1. 传统与现代相融合的时代精神

汤溪，历史上的姑蔑国所在地，悠久的历史文化让这座小城拥有独特的味道。三十年前，汤溪人祝氏兄弟在汤溪街头做起了小吃生意。历经三十余年的风风雨雨，小吃摊蜕变成了百老汇。曾经朴实低调的汤溪菜也成了金华本土美食的代表之一。因汤溪独特的地理环境和以农耕为主的百姓生活，汤溪菜偏辣、味重，烂菘菜就是其中的典型。烂菘菜滚豆腐更是汤溪人记忆中无法替代的存在。每年十月是高脚白菜上市时节，百老汇都会在自有的蔬菜基地腌制100吨的高脚白菜，为的是来年客人能够尽情的享用这道独特的汤溪美食。弘扬本土美食文化是祝氏兄弟也是百老汇的使命。经过不断地钻研和创新，百老汇推出了"烂菘菜滚大头鱼"这一道招

牌菜。烂菘菜香味醇厚，大头鱼肉质肥美，两者巧妙结合，既中和了烂菘菜的"重口味"，也使鱼肉充斥着烂菘菜的香味，去腥提鲜，使得鱼肉入口绵软嫩滑，口口留香；同时也更符合现代人健康清淡的饮食习惯。百老汇在传承汤溪菜传统做法的基础上加以改进创新，使汤溪菜更好地融入现代社会。

2. 不断研发探索的创新精神

百老汇的老板祝志先，16岁初中毕业后开始做汤溪美食，到现在已经做了34年，并且是金华市婺城区汤溪菜饮食行业商会会长，也是金华汤溪菜餐饮文化非遗传承人。除了在汤溪，它的店还在别处拓展市场，光是金华市区就开了三家，规模都不小，菜品更是多达200多种，你能想到的汤溪菜，在这里都有。除了做好传统的汤溪菜，祝志先近些年还将更多的精力花在研发新菜品上。2022年，在舟山举办的全省"诗画浙江·百县千碗"工作推进会活动中，汤溪十大碗代表金华市参展，好评如潮，其中的烂菘菜滚大头鱼，成为活动中的"人气王"，而这道菜就是百老汇新研发的菜品。祝志先说，汤溪农家日常做菜时，常

拿烂菘菜滚豆腐，还滚泥鳅、滚鱼等带腥味的食物，因为加了烂菘菜的水产品往往肉质更嫩，味道也更鲜美。他说："我们用了近三个月的时间，总共消耗了200多条大头鱼，尝试将烂菘菜和生态大头鱼一起烹饪，请几百人试吃并给出建议，最后敲定口味。"如今，烂菘菜滚大头鱼已经成为百老汇的招牌菜之一。

3.勤劳、简朴的内在品质

汤溪菜品经历了无数的变身和演绎，但其沉淀出的特有风味却深深的刻在汤溪人的舌尖上，一如古镇百姓的质朴与勤劳、姑蔑文化的丰腴和深邃。用料简单、做工却繁复的汤溪菜，可谓"平凡中孕育着伟大"，也孕育着"俭朴"的内在品质。如烂菘菜滚豆腐取用烂掉又舍不得丢弃的烂咸菜烹制；葱花肉用的是猪肠与肠之间的粘连物，俗称网油、以及花油包裹猪肉再用油煎炸而成；青豆炖芋荷的"芋荷"用的是地里的废料毛芋梗与青豆；汤溪萝卜肉圆，它的特色在于肉少萝卜多，做肉圆的肉是用刀口肉，是猪身上最不好吃的肉，但用它做成的肉圆，却非常好吃，吃起来有肉感；腌萝卜用的是腌完豇豆、老荞头剩余的酸汁，用它们来腌的萝卜是汤溪独有的特色。在汤溪原来不为人所重视甚至会被丢弃的食物，经过精细加工，

就成了一道道口味纯正的佳肴。不论是晶莹透亮的豇豆螺丝，绵软的毛芋青菜羹，还是滚烫油辣的烂菘菜滚豆腐。品尝汤溪菜时，舌尖上所品尝到的不止是美味，还有美味中蕴含的"勤劳、俭朴"和善于创新的汤溪菜精神气质。

（三）制度要素

1. 用料简单、做法繁杂的烹饪技艺

汤溪菜做法繁复，但用料不贵，多是由普通家庭妇女研制的民间做法，以浓辣咸为主，多放葱姜蒜，迎合大众口味。汤溪菜中的汤溪涵盖的是一个大汤溪的概念，包括汤溪、罗埠、洋埠、蒋堂、塔石、岭上等乡镇，相同的农耕文化、民俗风情和饮食习惯，使汤溪菜的研发、传承有了广泛的群众基础，造就了古汤溪地区灿烂的文化，也为汤溪菜铸就了丰富多彩的文化故事。像汤溪菜中经典的烂菘菜滚豆腐、葱花肉、毛芋梗青豆等，可谓一菜一故事。

2. 严谨规范的标准制度

汤溪菜类型丰富，历史悠久，各种热菜、冷菜、点心、主食等多达数百道。而让古老的汤溪菜传承下去唯一方法就是制定标准。从 2017 年成立之初，汤溪新乡贤联合会就积极推进汤溪菜标准化，传承并弘扬汤溪饮食文化，到目前为止，成效十分显著。2017 年底，汤溪新乡贤联合会多次牵头召开"汤溪传统饮食文化"经典菜肴制定标准工作研讨会，组织全市范围内的汤溪厨师、餐饮店老板、饮食协会专家等人进行研究，征求经典汤溪菜的修改意见，并成功申请了金华市非物质文化遗产，最终确定了 16 道热菜、7 道冷菜、4 样点心和 2 道主食，总共 29 样，将其命名为"汤溪名膳"。

2018 年，由金华市质量技术监督局和商务局牵头，开发区相关部门协助，新乡贤会部分成员参与地方标准的起草事宜。为了使汤溪菜能够顺利标准化，从事餐饮的汤溪籍乡贤们出钱出力，标准化的首次试验地点就放在了中祝村人祝志先的餐饮店里。厨师将 16 道热菜逐一烹饪，之后由餐饮老板、厨师等组成的饮食专家团队进行品尝后，提出相应的修改意见。经过多次试验、商讨，不断完善，最终确定了每道菜的名字、食材、份量、火候，并以文字形式确定下来，一直到 2019 年，首批 16 道汤溪热菜的标准才得以确定，并通过标准验收。

3.著书立说的传承方式

汤溪自然风景优美，历史悠久，文化底蕴深厚，不少热爱文学的汤溪人喜欢回老家采风，还有的利用业余时间深入开展汤溪地方文化研究。《即将逝去的生活：汤溪百工口述史》《汤溪漫笔》《汤溪饮食文化丛书》……一部部有关汤溪的著作已经或即将出版，汤溪历史丛书目前已准备了约150万字，汤溪人用著书立说的方式努力将地方传统文化留存下来。

（四）语言和象征符号

"浓、土、鲜、咸、辣"的特征

地道的汤溪菜味道浓郁、香辣可口、土味十足，秘密在于烧菜的时候要放足葱、蒜、姜等配料以及汤溪特有的白皮辣椒。有老汤溪人说正宗的汤溪菜源自客家菜，又咸又辣又油，都离不开一个"腌"字和"盐"字。经过岁月的沉淀，如今的汤溪菜发生了一些变化，但依然包含了"浓、土、鲜、咸、辣"五大特色，具有鲜明的地域特色。

二、核心基因提取与评价

基于对材料的全面、深入分析，可将本文化元素的核心基因表述为"不断研发探索的创新精神""用料简单、做法繁杂的烹饪技艺""'浓、土、鲜、咸、辣'的特征"。

汤溪菜十大碗核心文化基因评价依据

评价项目	评价因子	评价依据（特点）	是否
生命力评价	文化基因存续的时间	自出现起延续至今，未曾明显中断	√
		自出现起延续至今，但多次衰微、中断后复兴	
		曾明显衰败，改革开放后开始复兴或历史溯源关键环节缺失，难以考证	
		文化形态主体已灭失，现存部分痕迹	
	文化基因的稳定性	在发展过程中保持相当稳定的状态	√
		在发展过程中存在明显的精神内涵、表现形式剧变	
凝聚力评价	文化基因的凝聚力及社会动员效果	曾广泛凝聚起区域群体的力量，显著推动过社会经济文化的发展	√
		曾部分凝聚起区域群体力量，对社会经济文化的发展产生过影响	
		凝聚过力量，创造过实际的发展动能，但未见对社会经济文化发展产生显著改变	
		仅在历史文献或口耳相传中存在，未见实际介入社会经济发展	

续表

评价项目	评价因子	评价依据（特点）	是否
影响力评价	辐射的范围	具有全国性、世界性的影响力	√
		具有长三角区域、浙江省影响力	
		具有市县、乡镇影响力	
	提炼的高度	已经被古代文人士大夫和当代学者提炼为精神符号和理念理论	√
		单纯的样式、造型、工艺技术规范	
发展力评价	与当代精神追求和价值观念的契合	传统文化基因得到创造性转化、创新性发展；区域革命文化基因被完整继承、广泛弘扬；区域社会主义先进文化基因成为与浙江"三个地"相适应的文化高地	√
		部分转化、部分弘扬、部分发展	
		难以转化、难以弘扬、难以发展	
说明：基因特点评价是对解码出来的基因，根据本《导则》表2的要求，围绕"四个力"逐一对表打"√"，进行定性表述			

（一）生命力评价

汤溪历史悠久，文化底蕴深厚。汤溪菜是八婺菜系中最具特色的一支，在金华乃至浙江的餐饮界都占据一席之地。漫步婺城街头，大大小小的饭店酒家星罗棋布，在大多数农家乐式的餐馆里，大家都在推崇一种名吃——汤溪土菜。汤溪菜既是饭店老板引以为豪的招牌，也是食客们趋之若鹜的必点美食。随着时代变迁，社会变化，汤溪菜在古婺大地的餐饮行业越来越显现出其重要地位，很多时候，汤溪菜更是占据了婺城餐饮界的主流。

（二）凝聚力评价

如今，金华市区就有汤溪菜馆饭店上百家，市区街头巷尾

随处可见汤溪菜的踪迹，杭州、上海、北京等地也开出了不少新店。汤溪独具特色的民俗风情和饮食习惯，造就了汤溪灿烂的文化，并不断放大传统美食文化的向心力、凝聚力、号召力，为汤溪菜铸就了丰富多彩的文化故事。

（三）影响力评价

近年来，汤溪菜的金字招牌变得更加闪亮。2020年1月，央视10套《味道》栏目开年首播《我的家乡菜·汤溪篇》专题片，让汤溪菜走向了全国。在"诗画浙江·百姓千碗"等餐饮比赛上，汤溪菜也屡次斩获好成绩。今年，乡贤会又打算起草点心和主食的地方标准，计划尽快完成整个汤溪饮食文化系列的标准制定，推动汤溪饮食文化的发展。

（四）发展力评价

为进一步加快文旅融合，全面提升金华经济技术开发区特色菜"国际化、市场化、专业化、品牌化"水平，推动开发区旅游美食文化传承、创新、发展，助力打造独具特色的汤溪味道，近年来，金华对汤溪菜进行升级包装，并积极参加省内外推介会，将开发区特色美食、汤溪特色菜推向更大的市场，同时推动开发区旅游产业更快速、更稳定的发展。

三、核心基因保存

　　"不断研发探索的创新精神" "用料简单、做法繁杂的烹饪技艺" "'浓、土、鲜、咸、辣'的特征"是汤溪菜十大碗的核心基因，其 14 项文字资料保存于金华经济技术开发区文化基因解码调查组资料库；以及 23 项图片资料保存于金华经济技术开发区文化基因解码调查组资料库。

罗埠酱油

八婺菁华　金华经济开发区文化基因

罗埠酱油

　　埠者，临江河而建之码头也。傍厚大溪通衢江的千年古镇——金华罗埠镇，沿水而居，缘水而兴，历史上曾是钱江上游一座繁盛的商埠重镇，后来一度被人遗忘。如今，这座因水而美的古镇，又蜕变成人人争相打卡的全新"网红古镇"。一江两溪穿境而过，碧水清流缓缓流淌着千年的岁月，在罗埠古镇上演着一幕幕人与水的动人故事。水运带动商业发展，码头边兴起了商业街，现在的罗埠老街，就是过去连接通航埠头的主要街道。据《康熙金华府志》载，早在康熙年间，罗埠就成为浙江省内有名的集市了。发展至今，罗埠形成了特有的风土人情、茶馆文化、饮食文化，以及别具特色的"宽慢"文化。

罗埠人把对饮食的追求作为人生至乐来追求，吃饭是罗坪人的首要大事。在罗埠，有令人垂涎的珍馐，有令人向往的美味，无时不刻的触动着饕餮者的神经和味蕾。在罗埠镇，更有一种本地产的调味品十分有名，那就是罗埠土酱油。在金华经济技术开发区金西片的汤溪、罗埠、和洋埠三镇，甚至与兰溪、龙游、遂昌等周边县市交汇处的百姓口中，那是一个响当当的品牌。许多人即使走进超市里了，对着那些包装精美的外地酱油也是视而不见，只选择罗埠土酱油。

罗埠老酱坊是一家远近闻名的纯手工酿造酱油的百年老字号。它的前身是于1894年开办的罗埠隆泰益官酱园。这里是洋埠镇下潘村的章寿南、章伯南两兄弟开设的，至今已有百年的历史了。由于制作精良，味道鲜美，原汤溪县范围（现今的汤溪、罗埠、洋埠、蒋堂、莘畈、塔石等乡镇）的老百姓都喜欢吃。旧时一般农户家里自己还舍不得吃，逢年过节或者招待客人才会用，当时也算上好的调味品了，罗埠酱油销路很好，通过水路销往兰溪、义乌佛堂，通过陆路远销遂昌、松阳及江西婺源等地。

新中国成立后，当地政府把洋埠镇隆泰生合并到隆泰益，名为罗埠益生酱油，同时生产各种豆瓣酱等，就没有专门的酱油厂了。2001年企业改制，厂长潘志元出资买下了这家百年老店，更名为金华市婺城区益生食品厂，并一直沿用古法生产酱油至今。作为益生食品厂当家人，潘志元虽然遇到过资金、销售等困难，但一直坚定地在用传统工艺制作酱油之路上顽强地前行，从而使得古法酿造酱油的技艺得以传承和发扬。

俗话说"酒香不怕巷子深"，罗埠老酱坊就是这样，路面看不见一点招牌，一点广告宣传也没有，全凭老百姓的口碑。罗埠老酱坊坐落在罗埠老街，古色古香的门面正中"罗埠老酱坊"几个字在阳光的照射下熠熠生辉，一副楹联左右对称。左边是"面东南西北中迎天下客"，右边是"调酸甜苦辣咸以味服人"。走进大门，映入眼帘的就是200多只大酱缸，它们整整齐齐地晒在院子里，从缸上摘下的大帽子一叠叠地放在缸边，帽子用粽箬制成，每个直径2米左右，酱缸西面是一栋两层楼的生产车间，二楼顶上有四个圆圆的密封罐，其他三栋平房还保留着古老的原貌。虽然厂区不大，总占地面积约2000平方米左右，但蕴藏着古老的酿造文化。

近年来，随着人们幸福指数和健康意识的提高，人们对追求原生态绿色生活的向往与日俱增，"罗埠土酱油"越来越受到大众消费的青睐，出现了供不应求的状况。如2018年10月在金华、杭州等地的非遗产品展示会上多次出现了排队购买限量供应的情况，从而使得古法酿造酱油的技艺发扬广大。同年，罗埠酱油传统酿造技艺被列入了金华市非物质文化遗产名录，而罗埠酱油传统酿造技艺传承人潘志元也获评市优秀非遗传承人。

为建设文化强区，金华经济技术开发区以专业细致服务群众日常文体活动蓬勃发展。2020年，"婺风非遗百村文化礼堂行"活动首站在罗埠镇文化广场启动后，分别在汤溪、苏孟、洋埠逐步举行，活动利用文艺演出的形式来宣传非遗保护知识，让更多的老百姓认识非遗，了解非遗，加入到非遗的保护工作中来。金华经济技术开发区还举办了文化和自然遗产日系列活动，邀请非遗传承人向群众普及非遗项目知识，讲解制作工艺技巧，手把手带领大家体验非遗项目，近距离感受非遗的独特魅力。非遗宣传展示活动为广大老百姓了解优秀传统文化搭建了平台，有效提升了非遗项目的社会知名度与影响力，为金华经济技术开发区非遗保护工作营造了良好的社会氛围。

一、要素分解

（一）物质要素

1. 优越的地理位置和自然环境

罗埠地处金衢盆地，有"火腿之心"之称。气候温和，雨量充足，土地肥沃，物产富饶，粮食产量高，是金华的"粮仓"和"棉花基地"。这里是人类史前文明发源地，是古越姑蔑国繁衍生息的故土，千年古镇，因水而生、因水而盛，罗埠还曾是衢江上重要的码头，商贾云集，店铺林立，康熙《金华府志》、康熙《汤溪县志》、民国《汤溪县志》称罗埠市，繁华的市集，肥沃的土地，食材来源广，举凡能够食者皆食。

2. 百年老字号酱油厂——金华罗埠酱油厂

在罗埠老街振中街的深巷中，有一家延续百年的老字号酱油厂——金华罗埠酱油厂。罗埠酱油厂的前身是 1894 年洋埠下潘章氏兄弟创建的隆泰益酱油铺，由于制作精良，味道鲜美，邻近百姓皆到该酱油铺购买酱油。附近的汤溪、白龙桥，以及衢州、遂昌等地的客商也纷纷前来订购。新中国成立后，当地政府把洋埠镇的隆泰生合并到隆泰益，名为益生酱油。2001 年，企业改制，厂长潘志元出资 60 多万元买下这家百年老店，罗埠酱油厂也正式更名为金华市婺城区益生食品厂。厂里的空地上，一百多口酿造酱油的大缸整齐摆放，颇为壮观。"日晒夜露"，这是厂长潘志元提到最多的词语，他说酱油好差的关键，就是要白天晒得好，晚上露得好。晒，要把酱油晒到五加皮一样红透发亮，露，要夜里进行，不得淋一点雨。6 个月的"日晒夜露"后，才能制出第一道最纯正的原汁酱油。

（二）精神要素

1. 永不言弃、坚守初心的精神

在潘志元个人出资买下厂之后，遇到了前所未有的经营困难，随着市场经济的蓬勃发展，人们生活水平日益提高，超市里包装精美并运用现代流水线工艺生产的品牌酱油产量高，口感好，一时成了老百姓餐桌上的主要调味品，土酱油的销路成了问题，金西一带，汤溪、罗埠和洋埠三镇沿用传统工艺生产酱油的厂家在市场经济的大潮冲击之下，最终大多倒闭关门。作为益生食品厂的当家人，潘志元没有放弃，一直坚定地在传统工艺制作酱油之路上顽强地坚守并前行，从而使得古法酿造酱油的技艺得以传承和发扬。如今，尽管现代制作酱油的工艺已经完善，市场上各类酱油也层出不穷，但潘志元却一直坚持采用传统制酱工艺——晒露法，他想用最传统的方法留住当初令人恋恋不舍的

味道。

2.艰苦奋斗、默默奉献的工匠精神

潘志元是土生土长的老金华人，已近花甲之年的他和酱油打了半辈子的交道。从1985年开始在酱油厂里当会计，后来升职为厂长，再后来企业改制时他出资买下了这家酱油厂，他将这一生的青春都奉献于此。这些年来，他几乎未曾休息，制作酱油需要大量的时间，又是手艺活，它需要从正月就开始制作，一直要做到年尾。泡豆、蒸豆、制曲、晒酱……直到最后制成一壶壶鲜香扑鼻的酱油，靠的就是时间，所谓"春生曲，夏制酱，秋出油"，汇四季之灵气，自然发酵，酿制出"食味的初相"。尤其是晒酱，需要充足的阳光，若是遇上天气不好的年份，有时晒酱就需要一整年的时间，这时候别人都不愿意吃这份苦，潘志元却是自己坚持了下来。

（三）制度要素

1.传统的酿造工艺

土酱油都是靠传统的技艺酿造，大豆靠日晒夜露而发酵，其酱香味是各种发酵方法中最纯正的一种。多年来，从选黄豆蒸煮、制曲发酵、到晾晒成酱，老酱油的制作工艺从未改变。制酱的每一步都需要层层把关，根据四季不同的气温而决定浸泡大豆的时间长短。浸泡过后的豆子被放入蒸锅，豆子需要达到软而不烂。出锅后大豆放凉至35度左右，工人们便开始着手拌生面粉，并将其分批放入发酵房内的竹筛之上。筛上有多年沉积下来的有益菌落群，与空气中的微生物自然结合，便是最天然的制曲温床。数天后，大豆开始变黄，工人们将大豆下缸，开始为期几个月的自然晒露发酵。大豆经过日光的的暴晒呈现酱的红褐色，到这一步，工人们开始翻酱，让下层的酱能接触到阳光。经过大半年的晒制，酱开始出油，而后制出第一道最纯正的原汁酱油。每年七月酱油坊开始出售最新鲜的原汁酱油。酱油的鲜香微酸与各个食材搭配都有独特的风味。

25岁进厂且有30多年酿造经验

的潘志元对酿造酱油的每一步都层层把关，他挑选优质大豆，根据四季气温不同来决定浸泡时间的长短。蒸锅是整个酱坊最现代的器具，到如今也有30多年历史，潘志元采用蒸汽压熟豆子的技术，能尽可能保留黄豆的营养价值。等到豆子软而不烂，保持整粒无夹心，就可出锅。待大豆放凉至35度左右，工人们便开始着手拌入生面粉。三勺黄豆，一勺面粉是最传统的比例。发酵用的竹筛上，存活着多年沉积下来的有益菌落群，是最天然的制曲温床。温度的掌控对菌落的形成至关重要，在等待制曲的漫长过程中，潘志元时刻关注着发酵室的变化，三十多年制酱经验，他的手便是最好的温湿计。

2.繁杂的制作工序

酱油的制作需要蒸豆、拌料、晒酱等多道复杂工序，这些工序全过程遵循自然规律，没有催化剂、添加剂，没有机器，只有日复一日的坚持与守护。

（1）蒸豆：酿制酱油的黄豆（春大豆、秋大豆均可）必须先放入水中浸泡肥大，浸豆的时间长短要适宜，既要使黄豆中的蛋白质最大限度地吸收水分，又要防止浸泡时间过长变酸而破坏蛋白质。浸水时，把黄豆放进木桶或缸内，加清水1倍，通常以浸1小时，豆皮起皱纹为度。然后把它倒进箩筐内，排掉水分，置于蒸桶里，水开后，蒸煮4—6小时即可。

（2）发酵：待蒸熟的黄豆冷却后，把它摊铺于竹篱上，送进室内发酵。室内要密封，并设若干木架层，便于装置竹篱，室内温度要在37℃以上，若室温不够，可加炭、煤火以提高温度，促进发酵。发酵时间为6天。入室3天后要翻动搅拌一次，使其发酵均匀。当黄豆表面出现黄绿色的曲霉和酵母菌时取出，将其倒入木桶或缸内，按100千克黄豆加清水40千克的比例添加清水并搅拌，使其吸足水分，把余水倒掉后，装入竹篓内，上面加盖棉布。然后放在温度37—38℃的室内继续发酵，约过8小时，当手插进豆有热感、鼻闻有酱油香味时，即可停止发酵。

（3）酿制：将经过发酵的黄豆装入木桶酿制（酿制用的木桶或缸，其上面要能密封，底层应设有出油眼）。酿制配方为：黄豆100千克、食盐30千克、清水40千克。具体操作是：装一层黄豆，撒一层食盐，泼一次清水，这样交替地装进桶内或缸内，最上层为食盐。然后盖上桶盖或缸盖，并用牛皮纸封好。

（4）出油：经过4个月酿制后，把出油眼的木塞拔掉，套上用尼龙丝织成的罗网进行过滤。接着将盐水（100千克清水加17千克食盐）分5天冲进桶或缸内，从出油眼流出的即为酱油。一般每100千克黄豆可酿制酱油300千克。所得的酱油通常都要加入糖浆。糖浆的作法是：每100千克食糖加4千克清水，用旺火煮至色泽乌黑，无甜味并略带微苦为度。每100千克酱油的用糖量为12千克，糖浆过滤后拌入。

（5）曝晒：将酱油用缸装好，置于阳光下曝晒10—20天，即可上市。但要注意，曝晒时晴天夜间可以露天放，让其接受露水；下雨天缸面须加盖，一般夏天晒10天，秋、冬晒20天即可。若发现缸内有虫蛆或上面有一层白色霉菌时，应捞起弃去。

（四）语言和象征符号

"一滴鲜香，一年深酿"的百年古训

从1985年就进入益生食品厂，师从徐春源学习传统酱油酿造技艺的潘志元，为了继承和发扬传统酱油制作工艺，却坚持要采用传统工艺制作土酱油。他秉承"一滴鲜香，一年深酿"的百年古训，对制作原料挑选甚至比以前集体办厂时更为严格，从原料上保证酱油品质；对蒸豆、发酵、酿制、出油、曝晒这些酿造技艺，更是严格地按照传统要求进行操作，坚持晒足180天，每次酱油制作出来后，还要按照食品质量安全生产标准对其进行检测，以保证酱油制作出来的质量。

二、核心基因提取与评价

基于对材料的全面、深入分析，可将本文化元素的核心基因表述为"传统的酿造工艺""繁杂的制作工序""'一滴鲜香，一年深酿'的百年古训"。

罗埠酱油核心文化基因评价依据

评价项目	评价因子	评价依据（特点）	是否
生命力评价	文化基因存续的时间	自出现起延续至今，未曾明显中断	√
		自出现起延续至今，但多次衰微、中断后复兴	
		曾明显衰败，改革开放后开始复兴或历史溯源关键环节缺失，难以考证	
		文化形态主体已灭失，现存部分痕迹	
	文化基因的稳定性	在发展过程中保持相当稳定的状态	√
		在发展过程中存在明显的精神内涵、表现形式剧变	
凝聚力评价	文化基因的凝聚力及社会动员效果	曾广泛凝聚起区域群体的力量，显著推动过社会经济文化的发展	√
		曾部分凝聚起区域群体力量，对社会经济文化的发展产生过影响	
		凝聚过力量，创造过实际的发展动能，但未见对社会经济文化发展产生显著改变	
		仅在历史文献或口耳相传中存在，未见实际介入社会经济发展	

续表

评价项目	评价因子	评价依据（特点）	是否
影响力评价	辐射的范围	具有全国性、世界性的影响力	
		具有长三角区域、浙江省影响力	
		具有市县、乡镇影响力	√
	提炼的高度	已经被古代文人士大夫和当代学者提炼为精神符号和理念理论	√
		单纯的样式、造型、工艺技术规范	
发展力评价	与当代精神追求和价值观念的契合	传统文化基因得到创造性转化、创新性发展；区域革命文化基因被完整继承、广泛弘扬；区域社会主义先进文化基因成为与浙江"三个地"相适应的文化高地	√
		部分转化、部分弘扬、部分发展	
		难以转化、难以弘扬、难以发展	

说明: 基因特点评价是对解码出来的基因，根据本《导则》表2的要求，围绕"四个力"逐一对表打"√"，进行定性表述

（一）生命力评价

地处金华西端的婺城古镇罗埠，是一片被时光遗忘的土地。中国人讲究"靠山吃山，靠水吃水"，千年的罗埠江，水质清冽，适合生产酿造。潘志元，"隆泰益"酱油坊的主人，对酿造酱油的每一步都层层把关，挑选优质大豆，根据四季气温不同来决定浸泡时间的长短。蒸锅是整个酱坊最现代的器具，到如今也有30多年历史，用蒸汽压熟豆子的技术，能尽可能保留黄豆的营养价值。对潘志元来说，酱坊发展的每一步都牵动着他的心。随着岁月的变迁，流水线式的工业化生产成为了主流加工技艺。当褪去铅华，酱坊主人的初心被唤醒，不论时代如何改变，只有最古老的酿造方法，才能秉承他最初的酱意。

（二）凝聚力评价

罗埠酱油制作成的这一天，工人们纷纷围到院中品尝新酱。白切肉与酱油的搭配，完美无缺；新鲜豆干沾上酱油，能保持两者的原味；一碟酱油泡椒，便是最正宗的罗埠酱菜。罗埠酱油集鲜、香、甜、微酸与一体，汇聚着工人们的辛勤劳作，与各种食材搭配均有一番独特的风味，使传统手艺的酿造发挥到极致。

（三）影响力评价

任何一种味道记忆都与感情有关，渗入了感情的味道往往可以勾起人们的温情，让食物有了情感的温度，这也是美味传承的重要原因。对于老一辈的罗埠人来说，小时候那一份酱香，是对这座酱油坊最初的记忆，随着岁月流逝，这味酱香早已成为罗埠人生活中不可缺少的味道。

（四）发展力评价

在 2018 年，罗埠酱油传统酿造技艺已被列入金华市非物质文化遗产名录。在 2020 年，潘志元被评为优秀非遗传承人。罗埠酱油经过了百年的岁月洗礼，依然继承了下来。很多时候，它已经不再是一种味道，而是一种回忆。它成功架设起吸引和凝聚各方人士支持家乡建设的桥梁，使其成了地方经济加速发展推进器。

三、核心基因保存

　　"传统的酿造工艺""繁杂的制作工序""'一滴鲜香，一年深酿'的百年古训"是罗埠酱油的核心基因，其5项文字资料保存于金华经济技术开发区文化基因解码调查组资料库；以及11项图片资料保存于金华经济技术开发区文化基因解码调查组资料库。

保稻节

八婺菁华 金华经济开发区文化基因

保稻节

　　稻米是五谷之首，世界上约有半数人口以稻米为主食。浙中地区为人工栽培稻的发源地之一，早在距今约 10000 年前的上山文化遗址中就发现了众多稻作遗存，并且萌芽出了水稻种植、收割、加工和储藏等生产方式。此后历经数千年的发展，水稻已经成为中国南方第一位的粮食作物。

　　在古人的思想中，若想水稻获得丰收，就得请神保佑。因此，稻作民族就形成了禾神崇拜。宋以后，随着中原文化的渗透和影响，民间的禾神被称作"五谷神"，其神像被置于各种庙堂之上。汤溪一带保留着的"保稻节"是源于给五谷神庆生，金华人每年都会以设宴招待亲朋好友的形式祭祀"五谷神"和祈祷丰收。或为五月廿五日，或为六月初一日。在保稻节这天，家家户户要置办酒菜，招待亲朋好友。有"多来一位客人，主人家会多一担稻谷"的说法。这一日，整个村子热闹非凡，人们走亲访友，络绎不绝，村中处处欢声笑语，处处飘着酒菜香。

关于"保稻节"，有着这样的传说。据说清朝年间，有一年义和团从龙游过来攻打汤溪，打到湖镇时正是稻谷孕穗的季节。清朝守将因粮草不足，抵挡不住，派兵到汤溪边界的东祝乡一带割稻苗饲马，还说："想要保住稻苗，就派出人到湖镇帮忙打仗。"百姓们都慌起来，以几个胆大的人为首，连夜将毛竹削尖，用桐油煎做成竹枪、竹剑等武器，准备打"义和团"。在五月二十五和六月初一两日，分两批人集中在小龙桥头（今萧家桥头）和道士桥头（今派溪童村头）。在集中的两日，家家户户用好酒好肉为男人送行。这期间，有十几个义和团扮成清军混入湖镇来到东祝乡一带，跟当地百姓说义和团都是穷苦大众，是专门杀富济贫的队伍，劝大家不要为清政府卖命。大家起先有些不信，正好这伙人里面有几个龙游湖镇人，在

东祝乡一带还有亲戚。他们都讲义和团是好人不会害百姓，所到之处还开仓放粮，很多人都参加义和团队伍。这样一来，一些胆小的就散了回家，还有许多胆大的索性跟义和团走了。结果清兵大败，连主将也被杀死了。义和团进入东祝乡，当真是沿路打开地主粮仓救济贫民百姓，而且军纪严明，虽然兵马甚多，足足走了三天三夜，而人们到田头查看稻苗却是好好地一株也没被遭损。人们认识到"如果要保稻还是帮义和团"。后来人们就把五月二十五和六月初一两个日子定为保稻节了，所以这习俗一直保留至今，而且越来越被重视。

在汤溪农村的"保稻节"日期并不统一。萧家、西祝、派溪李、梅头、溪滩下等村在农历五月二十五庆祝"保稻节"，而在下伊、东祝、派溪童、黄堂等村，"保稻节"却是在六月初一。《汤溪县志》风俗卷："六月初一，或五月廿五日，农民以牲礼祈祷于土谷之神，谓之保稻。"《龙游县志》风俗卷："二十五日：祀田神，谓是日为五谷神生日也。北乡则以六月朔日行之。"东祝、下伊一带原属龙游县，明成化年间划归汤溪。随着时间推移，

龙游的农村并没有将"保稻节"习俗保留下来，划归汤溪的这些村子则恪守古礼，将这一农桑祝祷的传统节日代代传承。

目前，众多庆祝"保稻节"习俗中的省级非物质文化遗产——下伊村"保稻节"为最盛，每年六月初一都会举行隆重的祭祀仪式。汤溪下伊村不仅拥有独特的稻作文化遗址和精美的古建筑群落，还有保稻节这样的文化传统，近年来，下伊村也充分利用这一得天独厚的优势，打造农耕研学基地，通过弘扬万年稻作文化推动乡村振兴，提高汤溪的知名度，推动着汤溪优秀传统文化的挖掘、保护、传承和弘扬。

一、要素分解

（一）物质要素

1. 深厚的历史文化

汤溪区域历史悠久，沉淀深厚。新石器时代，就有人类在此居住；春秋时期，姑蔑国的一支在九峰山下生存繁衍；其后，秦王政二十六年（前221）始置大末县（后称太末），一说县治就在九峰山下，据清乾隆《汤溪县志》载："其城街址，历历犹存。"在历史的长河里，汤溪起起落落，其深厚的文化和历史遗存，给人们留下了神秘丰富的想象空间。

汤溪的保稻节也有着悠久的历史，它起始于明朝，一直延续至今，汤溪镇下伊、东祝等村庄每年都要隆重庆祝。从青阳山遗址、山下周遗址出土遗存看，汤溪早在一万年前就有水稻种植了，是上山文化稻作文明的重要组成部分。这里种植有万亩连片的水稻，为浙中地区重要产粮区，千百年来，一直保持着传统的农业生产方式和习俗。每年六月初一，在保稻节这天，家家户户要杀鸡杀鹅，买鱼买肉，招待四方亲朋好友。

2. 悠久的稻作文化

婺城区汤溪、洋埠一带水稻种植历史悠久，有万亩省级粮食生产功能区，是浙中地区重要产粮区，下伊村也在功能区内。上山文化与稻作文化密不可分，上山文化可以说是世界稻作文化的起源地，是以南方稻作文明和北方粟作文明为基础的中华文明形成过程的重要起点。下伊的稻作文化起源要从上万年前说起，这一点已有了可信的证明。

说起上山文化，大多数人首先想到的都是浦江上山遗址，其实，上山文化已陆续挖掘出18处遗址，大多分布于金衢盆地内。位于下伊村域及周边的青阳山遗址、三潭山遗址和山下周遗址是市本级范围内发现的上山文化遗址，是金华最早有人类活动的地区之一，年代距今约9000—10000年。2009年省文物考古研究所在下伊村青阳山一带进行试探性挖掘，出土了早期新石器时代遗址。经考古确认，年代相当于上山文化晚期。2010年，下伊青阳山遗址被列为市级文物保护单位。2018年3月起，省文物考古研究所对青阳山遗址进行考古调查。此次调查证实，下伊青阳山遗址存在上山文化、跨湖桥文化、崧泽文化、钱山漾文化等不同时期的新石器时代文化遗存。这一发现有力证明，古人类在青阳山及周边繁衍开拓的脚步从未间断，真实地展现出了下伊村青阳山等遗址出土的文物遗存，映衬出了下伊保稻文化节的来历、习俗。

3. 丰富的祭祀内容

汤溪下伊村每到保稻节，家家户户都要置办酒席，招待亲朋好友。这一传统习俗在下伊村传承历史悠久，《汤溪县志》《龙游县志》等地方县志资料上都多有记载。2019年到2020年，下伊村的保稻节祭祀仪式停办了两年时间。今年，下伊村重新举办保稻节祭祀活动，不但邀请乡贤回乡，扩大仪式规模，还增加了一些新的内容。在今年的接神仪式上，下伊村特别增加稻作文明展示部分，接神队伍扛着扁担、箩筐等农具进行巡游，将五谷神祭拜仪式从往年的田间搬至宗祠，此外活动还安排了文艺表演环节。

（二）精神要素

1. 祈求风调雨顺的理想

保稻节是下伊村最热闹的节日。这一天，风调雨顺迎旗队、五谷钢叉队、抬五谷神队、吹奏乐队、长袍衫队和汉服唐装队等接神队伍在伊氏祠堂前整装出发，一路浩浩荡荡前往山头祖庙，敬酒祭拜迎接五谷神。随后，接神队伍一路抬着五谷神到青阳山遗址田间祭台举行祭典，祈求下伊村风调雨顺、五谷丰登。一般，整个接神仪式持续一个半小时。

2. 期望丰衣足食的心愿

每到保稻节，开幕仪式上，响亮的祈福丰收锣三声响过后，祭神仪式正式开始。在五谷神前，供桌上整整齐齐摆放着新鲜水果、糕点、牲畜等祭品，最前面摆放着五谷。祭神人员排好队伍，面朝五谷神，进行宣读祭文、举杯邀山神土地、以酒撒地敬神明等流程，一系列流程有条不紊地开展着。活动现场，男女老少共同见证了祭神仪式的开展，观看文艺节目表演，演唱红色歌曲，现场载歌载舞，共同祈祷丰衣足食的美好生活。

3. 文旅融合的创新理念

汤溪下伊，正在源源不断地注入更多新生活力。2019年保稻节当天，下伊村还展开了与高校之间的合作，金职院艺术学院"尚源艺术实践队"在下伊调研、走访，深入挖掘当地历史文化，对五谷神、越溪等进行卡通化、拟人化设计，同时，设计村落标识、衍生品、保稻节服饰等，并绘制了村子的景点手绘地图，帮助下伊进行旅游和文化推广。

（三）制度要素
有条不紊的祭祀流程

汤溪下伊村，坐倚青阳山，厚大溪绕村而过，传统耕作习俗、农谚民谣、民间传说、节日祭祀……肥沃的土壤孕育了延续万年的稻作文化。汤溪一带至今延袭着"保稻节"，每年都会以设宴招待亲朋好友的形式祭祀"五谷神"和祈祷丰收。在"保稻节"这一天，村民们要身着长布衫，在山头祖殿恭请五谷神，再按照既定路线，抬着五谷神像穿过村子走进田畈，到达五谷神殿原址，在满目青翠的稻田中进行祈祷。随后，祭祀队伍回到村中的思任堂，由各村民进行祭拜。一系列流程有条不紊地开展着。

（四）语言和象征符号
以农为本的农桑文化

保稻节反映的是一种以农为本的农桑文化，其基本内容主要包括：一是敬神，祭神。在科学不发达的古代，人们认为多变的自然现象是由上天神灵控制的，农业生产的不稳定性经常使人处于焦虑的等待中。所以，村民们要举行盛大祭祀仪式。敬神形式上分两种，一种是集体举行的，村主为首，各家主相随，摆上三牲祭品祭祀；另一种是各家各户举行的，家主为首，全家人相随，所摆祭品与集体举行的祭品相差不同。还要做好吃的东西，招待亲朋好友，他们是友神的化身（代表），他们是来帮助驱瘟神的。二是在稻田间筑高台，放上油锅，点上灯，吸引飞蛾杀虫。在长者率领下，众人在稻田间转圈插旗，驱赶稻瘟神，活动要进行数天。

二、核心基因提取与评价

基于对材料的全面、深入分析，可将本文化元素的核心基因表述为"期望丰衣足食的心愿""有条不紊的祭祀流程""以农为本的农桑文化"。

保稻节核心文化基因评价依据

评价项目	评价因子	评价依据（特点）	是否
生命力评价	文化基因存续的时间	自出现起延续至今，未曾明显中断	√
		自出现起延续至今，但多次衰微、中断后复兴	
		曾明显衰败，改革开放后开始复兴或历史溯源关键环节缺失，难以考证	
		文化形态主体已灭失，现存部分痕迹	
	文化基因的稳定性	在发展过程中保持相当稳定的状态	√
		在发展过程中存在明显的精神内涵、表现形式剧变	
凝聚力评价	文化基因的凝聚力及社会动员效果	曾广泛凝聚起区域群体的力量，显著推动过社会经济文化的发展	
		曾部分凝聚起区域群体力量，对社会经济文化的发展产生过影响	√
		凝聚过力量，创造过实际的发展动能，但未见对社会经济文化发展产生显著改变	
		仅在历史文献或口耳相传中存在，未见实际介入社会经济发展	

评价项目	评价因子	评价依据（特点）	是否
影响力评价	辐射的范围	具有全国性、世界性的影响力	
		具有长三角区域、浙江省影响力	
		具有市县、乡镇影响力	√
	提炼的高度	已经被古代文人士大夫和当代学者提炼为精神符号和理念理论	√
		单纯的样式、造型、工艺技术规范	
发展力评价	与当代精神追求和价值观念的契合	传统文化基因得到创造性转化、创新性发展；区域革命文化基因被完整继承、广泛弘扬；区域社会主义先进文化基因成为与浙江"三个地"相适应的文化高地	√
		部分转化、部分弘扬、部分发展	
		难以转化、难以弘扬、难以发展	

说明：基因特点评价是对解码出来的基因，根据本《导则》表2的要求，围绕"四个力"逐一对表打"√"，进行定性表述

（一）生命力评价

保稻节起始于明朝，一直延续至今，汤溪镇下伊、东祝等村庄至今仍要隆重庆祝。每年六月初一保稻节这天家家户户都置办起丰盛的酒菜宴请亲朋，以隆重的仪式祭祀五谷神，祈祷风调雨顺、五谷丰登，共同祈祷丰衣足食的美好生活。

（二）凝聚力评价

金华汤溪一带，祭祀"五谷神"的节日称为"保稻节"。每年六月初一日，下伊村保稻节时，会举行一系列隆重庄严的祭祀活动。如今，"保稻"的文化习俗与上山文化的稻作起源遥相呼应，是当下对农耕文化根脉的延续和传承。在保稻节这天，家家户户要置办酒菜，招待亲朋好友。有"多来一位客人，

主人家会多一担稻谷"的说法。这一日，整个村子热闹非凡，人们走亲访友，络绎不绝，村中处处欢声笑语，处处飘着酒菜香。

（三）影响力评价

保稻节是稻作文化"活化石"，是金华市非物质文化遗产。保稻节也是对自然的敬仰，是一种人与自然和谐相处的愿景，符合我们当下对和谐生态、和谐农业的追求，如今，下伊村还保留着祭五谷神的传统活动，这也使越来越多的年轻人爱上传统民俗文化。

（四）发展力评价

近些年，保稻节也融入了新的时代特色，在弘扬传统文化的同时助力美丽乡村建设。而且，下伊村所在的汤溪镇，一直关心并用实际行动推动着当地优秀传统文化的挖掘、保护、传承和弘扬，使得古老的文化得以赓续久远。以文化熏陶民风，凝聚起当地社会发展的强大合力，用文化的力量不断推动当地社会高质量发展。

三、核心基因保存

　　"期望丰衣足食的心愿""有条不紊的祭祀流程""以农为本的农桑文化"是保稻节的核心基因,其5项文字资料保存于金华经济技术开发区文化基因解码调查组资料库;以及12项图片资料保存于金华经济技术开发区文化基因解码调查组资料库。

汤溪古城

八婺菁华　金华经济开发区文化基因

汤溪古城

　　地处金华、衢州、丽水"金三角"的汤溪古城是原古婺州八县之一汤溪县的县治所在地。古城拥有 500 多年县治历史，其建设布局与明朝建县之初基本保持一致。这里杰出人物辈出，古有东汉才子龙邱苌、唐朝礼部尚书徐安贞，今有著名画家丰子恺、全国劳模陈双田等，在历史长河中熠熠生辉。

　　汤溪古城山水秀丽，生态环境优越。境内有古朴娴雅的寺平古村，有秀美壮丽的九峰山，有舒适宜人的九峰温泉，还有被誉为"江南第一庙"的城隍庙。早在新石器时代，就有人类在此居住 。春秋时期，姑蔑国都即建在九峰山下，其后，秦王政二十五年（前222）始置太末县，县治亦在九峰山下，据清乾隆《汤溪县志》载，"其城街址，历历犹存。"可见其历史悠久，沉淀深厚。

这里还拥有丰富的民俗文化、自然资源和人文景观，例如省级非物质文化遗产城隍庙摆胜和厚大"抢头杵"，还拥有着许多历史悠久的古村落，其中以下伊村最为著名。汤溪镇下伊村，人称古城下伊，依山傍水，风景优美，位于金华市西部，距金华城30千央，村里古建筑众多，还有一个被列为市级文物保护单位的青阳山遗址坐落于此。与此同时，下伊村拥有着独特的稻作文化遗址和精美的古建筑群落，以及"保稻节"这样的文化传统，通过弘扬万年稻作文化推动乡村振兴，提高汤溪古城的知名度。

如今，汤溪古城传统文化的传承已结出了累累硕果。其中《汤溪县志》是了解汤溪古城历史文化的一个重要史料，万历版是其比较早的一个版本，极具收藏价值。为了重印万历版《汤溪县志》，新乡贤联合会千方百计从南京、日本、美国、上海、杭州等地的图书收藏部门收集《汤溪县志》多个旧版本，又联系到乡贤、中国海洋大学新闻与传播学院副院长傅根清，对空缺、错误的地方进行勘校，查漏补缺，对汤溪的一些历史人物和事件进行专题研究，取得了权威性成果，为汤溪古城的历史文化研究做出了重大贡献。

自浙江省政府工作报告提出"美丽城镇"创建和实施"千年古城"复兴计划以来，汤溪镇深挖镇里的历史文化元素，重点挖掘古遗址、古人物、非遗文化三大块，还组织人员到寺平、上境、上堰头等历史文化积淀深厚的古村落调研，并围绕汤溪古城门、古建筑、古井等重要节点建筑和重大历史素材，加强艺术渲染，为汤溪镇"千年古城"复兴打下了坚实基础。汤溪古城还将以城隍庙为中心点，建设汤溪美食府、汤溪博物馆、小镇客厅，不断丰富城镇文化内涵，提升城镇文化底蕴。

近些年，金华经济技术开发区也在不断挖掘保护并利用汤溪古城丰富的历史文化资源，培育文化产业，不断放大传统文化的向心力、凝聚力、号召力，以文化熏陶民风，凝聚起当地社会发展的强大合力，用文化的力量不断推动汤溪古城的高质量发展，争取打造具有汤溪"千年古城"特色　　的文化宣传品牌。

一、要素分解

（一）物质要素

1. 风景优美、文化深厚的九峰山

金华九峰山风景名胜区坐落在汤溪镇境内，距金华市区28千米。属浙江省级风景名胜区，分九峰岩和桃花源两大景区。九峰历史悠久，东汉龙丘苌、东晋葛洪仙、南齐徐伯珍、宋菩提达摩、唐徐安贞、五代贯林、元黄公望等名流高士均在此留下了足迹。特别是东晋陶渊明游浙之西湖，雅爱山水之秀，自新安而睦而金而九峰，后归携眷属而居于九峰之麓，地隶浙之东阳（东阳郡）、又号东阳隐士之后，金华九峰山名声大振。金华九峰山四壁峭立，高低错落，远望形如芙蓉，近看状若蜂巢。这里沟壑峡谷遍布，溪、泉、瀑、潭横生。3个龙潭串在一个峡谷之中，波光粼粼，飘叶入水，犹如大海载舟。龙潭水四季不涸，潭深水绿，昼与青山花鸟为朋，夜与皓月繁星为友。每当雨后天晴，群山如黛，水雾积成飘忽不定的云海，高出云海之山，则如潭边之石，朦胧而无形。九峰景观可谓集雁荡之奇，桂林之秀，庐山之峻，华山之险于一体，像一朵奇葩开放在浙江中部。

金华九峰山不仅自然景观优美，人文景观也十分丰富。山奇、石怪、水秀、洞幽、地野，寺庙、古建筑、遗址、古墓、

石刻、神话传说丰富。游九峰山水，山水之乐，醉于自然而忘我，品览九峰文化，更胜读五千年沧桑史而不倦。九峰山现有自然、人文景物景观80多处，相互辉映，融为一体。九峰禅寺建于南朝天监年间，已有1500余年。楼房依山傍洞，不施椽瓦而风雨莫及，巍然耸立。自古名山多僧居，九峰山有大雄宝殿、胡公殿、钟鼓楼、观音阁、天王庙等建筑和佛像百多尊。方圆几百里的游人香客慕名而来，传说农历八月初一到九峰游览，能见天门洞开。九峰山东南侧有石磨，北侧大柜，西侧有石夜壶，均为天作之成，龟守大门如入云中之路，神龟守卫着凡人向往升天之门。点将台记叙着北宋兵部侍郎胡则出征点将的故事。仙椅置于悬崖峭壁间，千百年而不朽，更有"高台朝佛寺，明镜照心田"的镜台奇观。此外，还有吕洞宾停转石磨降冰雪、铁拐李仗义点化牛头峰、朱元璋遇难

九峰山等等脍炙人口的传说让人如入仙境。

2. 雄伟壮观、肃穆庄严的汤溪城隍庙

汤溪城隍庙，被誉为"江南第一庙"，是浙江省省级文物保护单位中唯一的一座城隍庙建筑，始建于明成化八年（1472），由当时汤溪县第一任县令宋约所建，距今已有五百多年历史。汤溪城隍庙与当地众多的徽派古建筑一样，这里的正门也是由条石、灰砖砌成，并配有雕檐青瓦。在正门翘首的顶额上竖置着"城隍庙"三字匾，很有气魄。全庙大小屋宇108间，其中古典殿宇88间。庙内共有落地大圆柱330挺（现存303挺），屋檐下大圆石柱22挺，每挺重约三吨。此外，还有大梁、弓梁、卷浪梁800余立方米。凡梁柱衔接处均配有雕花牛腿、斗拱、

垫肩、雀替等,以强化支撑、增强美感。城隍庙数以万计的构筑部件均经过严格计算,整合严密,环环相扣,浑然一体。

汤溪城隍庙整体坐北朝南,沿中轴线依次为头门、放生池、二门、过厅、正殿、寝殿等。进门设有戏台。梁架明间抬梁式,次间穿斗式,九檩八步架,明间五柱,次间四柱,稍间五柱。头门与二门之间设放生池,石桥横跨其上。二门面阔三间,左侧有龙王庙,右侧有达生庵;左右建两庑。正殿面阔三间,通面宽14.10米,通进深9.20米。明间抬梁式,次间穿斗式,十檩九步架,明间四柱,次间十檩五柱,各柱用月梁穿插枋连接,前檐柱牛腿承托跳檐檩,两侧建斋房。寝殿面阔五间,前置天井。二进柱础八角形,下置覆盆。三进柱础覆盆莲瓣形,其他各进柱础鼓形。整体建筑的牛腿、雀替、斗栱等木构件精雕细刻人物、花草、禽兽等;柱、梁、枋、天花绘人物、山水、花鸟等彩画,高超的建筑技艺和不朽的艺术价值,充分显示了古代中国劳动人民的勤劳智慧和卓越才能。

3. 古朴娴雅的寺平古村

享誉700多年的国家级风景名胜区——寺平古村落坐落于省级中心镇汤溪镇境内,距金华市区28千米,面积2.5万平方米。寺平古村北傍兰溪诸葛八卦村,西临龙游石窟,与北山的双龙洞形成南北呼应之势。景区水资源丰富,是金华南山的主要旅游景区。寺平古村是一个以莘畈溪为基础自然伸展的村庄,上应星宿,下对地势,山水相连,人文景观相系。周边有气势壮观的万亩茶园,历史悠久的汤溪城隍庙,精美的砖雕民居古村落,三教并存的文化遗产,人文荟萃。现有自然、人文景观80多处,相互辉映,融为一体。具有水秀、寺庙、遗址、古墓、砖雕、石刻等遗迹众多,神话传说丰富。村庄地貌呈"七星伴月"之形,徽派建筑风格的古屋遍布全村,古砖雕工艺之精美,古砖雕保护之完整,令专家学者、游客叹为观止。2010年被评选为"中国历史文化名村",2013年被评为"中国传统古村落"和"国家重点文物保护单位"。

(二)精神要素

1. 传统与民族相融合的精神

汤溪的"抢头杵"史载《汤溪县

志》，是范氏家族于清明祭祖时召集外族适婚女子，为本族未婚子弟举行的选美相亲活动，始于南宋年间，直至清末民初从未间断。每年清明范氏祭祖，范氏未婚男青年须到宗祠报名并验证为未婚者方可允许参与活动，得应允后，其家长便会准备些许"头杵"集中到范氏宗祠，并各自领回一件活动时穿的马褂，邻近适婚女子亦会打扮一新，在家人的陪同下纷纷赶到祠堂总管处报名并领取花篮一只，为提升本族人口素质，范氏本族女子一律不予参加。待吉时，村民乐队开锣，范氏全体族人及女子亲眷从祠堂出发，挑着祭礼，穿行古宅老街，至范氏祖

坟同行祭祀礼及"抢头杵"，以示神圣，村民随行观礼。

汤溪"抢头杵"这一颇有传承象征意义的活动，布局于三处先祖圣地，除祈求先祖荫蔽后人，绵延子嗣外，其风俗也世代传承，家族壮大，家风便成了乡俗。以五谷做"杵"为生殖象征，于田野中行相亲礼，缅怀先祖、传承祖训之时亦有欢乐情趣，可见其农耕文化影响深远，它是一种植根于大农业土壤的文化，它顺应人情、重视常识、讲究中庸之道，体现出一种现世的精神，其核心为"亲亲、仁民、爱物"，抢头杵活动更是具有丰富历史内涵和民族融会特征的民间游戏活动，是我国传统农耕文化的一个缩影。

2.祈求风调雨顺的心愿

汤溪下伊村坐倚青阳山，厚大溪绕村而过，肥沃的土壤孕育出延续万年的稻作文化。为祈求风调雨顺、五谷丰登，每年农历六月初一五谷神生日这天，下伊村的父老乡亲都会以隆重的仪式祭祀五谷神，下伊村家家户户都要置办酒席，招待亲朋好友。俗称"保稻节"。这一传统习俗在下伊村传承历史悠久，《汤溪县志》《龙游县志》等地方县志资料上都多有记

载。2019年到2020年，下伊村的保稻节祭祀仪式停办了两年时间。今年，下伊村重新举办保稻节祭祀活动，不但邀请乡贤回乡，扩大仪式规模，还增加了一些新的内容。在今年的接神仪式上，下伊村特别增加稻作文明展示部分，接神队伍扛着扁担、箩筐等农具进行巡游，将五谷神祭拜仪式从往年的田间搬至宗祠，共同祈祷丰衣足食的美好生活。

3. "御灾捍患，福禄民生"的愿望

汤溪城隍庙摆胜是汤溪最具地方特色的祭祀酬神礼仪，始于明，盛于清，是当地老百姓以献供的形式感谢城隍庙神巡禾驱瘟，保住丰收。农历四月十六是明成化年间汤溪首任县令宋约的诞辰，宋约因为官清廉，造福一方，去世后被百姓奉为城隍"老爷"，汤溪城隍庙是为了纪念宋约而建。同时也为了"御灾捍患，福禄民生"。从明成化年间开始，每逢农历十二生肖，凡逢鼠年、龙年和猴年的四月十六（宋约的诞辰），汤溪城隍庙都要举行隆重的"摆胜"活动以示尊崇。由于历史原因，新中国成立后，汤溪城隍庙"摆胜"祭祀活动中断了65年，直到20世纪90年代，城隍庙重修后再现往日风采。2012年，金华市非遗保护部门和城隍庙文保所把"摆胜"作为非物质文化遗产挖掘、整理，并将它恢复，重新发挥传统文化中的惩恶扬善的作用。

4. 文旅融合的创新理念

汤溪镇地处金华市区以西28千米，属金华经济技术开发区金西区块核心区域，2007年被列入首批省级中心镇，2016年入选第三批国家新型城镇化综合试点。汤溪镇历史积淀深厚，自然环境优美，工业经济发达，是金华市十大工业强镇之一。近年来，汤溪镇抢抓发展机遇，努力培育以文旅康养产业为龙头的全域旅游、特色民宿、美丽乡村等业态，朝着建设长三角一流文旅康养新城的目标不断迈进近年来，汤溪镇大力开展美丽乡村建设，越溪白鹤村、上境村等一大批村庄走上了乡村休闲游的发展道路。2016年，当地开工建设厚大溪观景长廊，2017年又引入穿越丛林、卡丁车、水上乐园等网红打卡点，越溪白鹤村成了远近闻名的网红村。村民们还开起了民宿、做起了小生意，开始接待自驾游、亲子游散客或研学游团队，使老百姓的日子越来越红火。

（三）制度要素

规模庞大的祭祀仪式

城隍庙摆胜是汤溪古城五百余年间规模最大，品味最高的祭祀仪式。"摆胜"活动排场盛大，气势恢宏。每年一小祭，三年一大祭，每逢农历子、辰、申年的四月十六场面尤为壮观，成为汤溪县域最高规格和品位的宗教文化礼仪，也是汤溪地域文化的活化石。2016年10月24日，汤溪城隍庙摆胜项目成功入选浙江省文化厅第五批浙江省非物质文化遗产代表性项目名单。史料中对汤溪城隍庙"摆胜"祭祀就多有记载。乾隆《汤溪县志》载："每见汤地之民，谋以四月既望日为神诞辰。先罗珍异于庭，至期迎神，周巡四关。主者纠群，沿途设奠。昼则演戏欢呶，夜则峥嵘鳌彩。萧鼓之声腾于郊，逾旬不绝。"民国《汤溪县志》载："在城居民，分班联会，轮年值事。届期庙中悬灯结彩，设供演剧，务极华美。又盛陈仪卫，异神像出游街坊，谓之出巡。城外农民插秧甫毕，争先入城游览，骈肩错趾，填塞通衢，商肆利市三倍。此为邑中赛会之最。"

每到城隍庙要"摆胜"的时候，当地十里八乡的人们都会提前准备，凡是农家现有的五谷、飞禽、牲畜、珍宝等供品，都会摆到城隍老爷面前展现。这一天，擅长地方特色表演的民间艺人也从四面八方赶来，并以精湛的手艺表达祝福和祈愿，酬谢城隍爷，保佑一方风调雨顺，五谷丰登，安居乐业。

（四）语言和象征符号

具有传承价值的《汤溪县志》

始置于明朝成化六年（1470年）的汤溪县，析金华府的金华县和兰溪县、衢州府的龙游县、处州府的遂昌县四县交接地而成，至1958年7月，

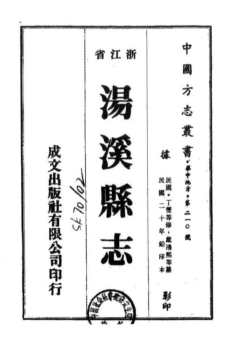

汤溪县撤销。在这长达百年的历史长河中，汤溪县自成立以来，先后出现过成化、万历、康熙、乾隆、民国等5个版本的《汤溪县志》，最早的为成化版《汤溪县志》，现在已难觅踪迹。在其他版本中，万历版《汤溪县志》是现存最早的版本，具有很重要的历史传承价值。万历版《汤溪县志》目前共有三本，一本珍藏在日本图书馆，一本珍藏在南京图书馆，还有一本是按南京图书馆藏的手抄本。就在去年重印的万历版《汤溪县志》正是对3个版本的万历版《汤溪县志》进行逐页核查，发现丢落漏印、字迹模糊、笔画不清之处，多处查阅资料、反复研究核实，基本恢复了万历版《汤溪县志》的原貌，成为汤溪保存历史文化的重要组成部分。

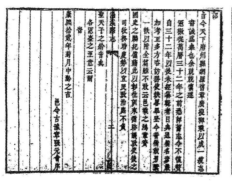
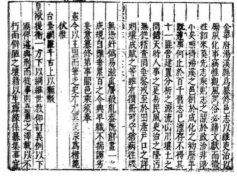

二、核心基因提取与评价

基于对材料的全面、深入分析，可将本文化元素的核心基因表述为"传统与民族相融合的精神""文旅融合的创新理念""规模庞大的祭祀仪式"。

汤溪古城核心文化基因评价依据

评价项目	评价因子	评价依据（特点）	是否
生命力评价	文化基因存续的时间	自出现起延续至今，未曾明显中断	√
		自出现起延续至今，但多次衰微、中断后复兴	
		曾明显衰败，改革开放后开始复兴或历史溯源关键环节缺失，难以考证	
		文化形态主体已灭失，现存部分痕迹	
	文化基因的稳定性	在发展过程中保持相当稳定的状态	√
		在发展过程中存在明显的精神内涵、表现形式剧变	
凝聚力评价	文化基因的凝聚力及社会动员效果	曾广泛凝聚起区域群体的力量，显著推动过社会经济文化的发展	
		曾部分凝聚起区域群体力量，对社会经济文化的发展产生过影响	√
		凝聚过力量，创造过实际的发展动能，但未见对社会经济文化发展产生显著改变	
		仅在历史文献或口耳相传中存在，未见实际介入社会经济发展	

续表

评价项目	评价因子	评价依据（特点）	是否
影响力评价	辐射的范围	具有全国性、世界性的影响力	√
		具有长三角区域、浙江省影响力	
		具有市县、乡镇影响力	
	提炼的高度	已经被古代文人士大夫和当代学者提炼为精神符号和理念理论	√
		单纯的样式、造型、工艺技术规范	
发展力评价	与当代精神追求和价值观念的契合	传统文化基因得到创造性转化、创新性发展；区域革命文化基因被完整继承、广泛弘扬；区域社会主义先进文化基因成为与浙江"三个地"相适应的文化高地	√
		部分转化、部分弘扬、部分发展	
		难以转化、难以弘扬、难以发展	

说明：基因特点评价是对解码出来的基因，根据本《导则》表2的要求，围绕"四个力"逐一对表打"√"，进行定性表述

（一）生命力评价

汤溪镇地处金华西部，生态环境优越，拥有美丽的莘畈溪和厚大溪，山林毓秀的九峰山，苍翠的万亩茶园，香火鼎盛的九峰禅寺。它人文底蕴深厚，是古婺州八县之一——汤溪县城的所在地。汤溪镇于2007年被列入首批省级中心镇，2016年入选第三批国家新型城镇化综合试点。其历史积淀深厚，自然环境优美，工业经济发达，是金华市十大工业强镇之一。近年来，汤溪镇抢抓发展机遇，努力培育以文旅康养产业为龙头的全域旅游、特色民宿、美丽乡村等业态，朝着建设长三角一流文旅康养新城的目标不断迈进。

（二）凝聚力评价

汤溪镇地处金华、兰溪、龙游、遂昌四县边隅，原为汤溪县的县城，已有500多年的县治历史，是金华西部的重镇，有着丰富的民俗文化和人文景观，陶渊明、龙丘苌曾隐居在九峰山，葛洪曾在九峰山炼丹，宋代文学儒士徐安贞、徐伯珍在九峰山创办九峰书院，明朝进士胡少卿、近代文坛泰斗丰子恺，还有全国劳动模范陈双田等一代代名人在这片古老的土地上谱写了一曲又一曲辉煌的篇章。

（三）影响力评价

近年来，汤溪镇文旅产业活力持续释放，将古村落保护开发与发展特色农业、农家乐休闲旅游结合起来，拓展农民就业增收的门路，实现了村落美好、文化传承、生态优化和产业发展的良性循环。九峰山、城隍庙、寺平村年均接待游客20万人次，实现旅游收入1800万元。大力吸引着来自上海、杭州、义乌、永康以及市区的万余名游客，进一步打响了汤溪古镇生态旅游品牌。

（四）发展力评价

汤溪镇将紧紧抓住第三批国家新型城镇化综合试点地区的历史机遇，围绕"一区一园两城"的目标定位来抓发展。"一区"即加快集镇有机更新打造金西新城区；"一园"即全力保障健康生物产业园"万亩千亿"高能级平台开发建设；"两城"即实施千年古城复兴计划及合力打造文旅康养新城，做好"四个提升"工作，把汤溪打造成一座有记忆、有韵味、有品质的健康宜居地、美丽幸福城。

三、核心基因保存

"传统与民族相融合的精神""文旅融合的创新理念""规模庞大的祭祀仪式"是汤溪古城的核心基因，其 5 项文字资料保存于金华经济技术开发区文化基因解码调查组资料库；以及10 项图片资料保存于金华经济技术开发区文化基因解码调查组资料库。

寺平古村

八婺菁华 · 金华经济开发区文化基因

寺平古村

　　金华市汤溪镇寺平村，距今已有 700 余历史，村中留存至今的明、清、民国时期乡土建筑众多，类型丰富，有坛庙祠堂、宅第民居、店铺作坊、亭台楼阙、过街楼、古街市及古堰、古井、古树等各类文物古迹 82 处，总建筑面积达 22000 平方米。其中徽派建筑风格的古色古屋遍布全村，古砖雕工艺之精美，古建筑保护之完整，令专家学者、游客叹为观止。寺平古村整体为明清古建筑，因受徽派建筑风格的影响，每座古建筑的门面上都镶嵌着数以千计的砖雕，十分精美。

七百年前，寺平古村始祖戴可守从河南商丘迁至兰源姑蔑溪西（今中戴村）定居，戴可守系南宋进士，官拜宋承侍郎。可守公见姑蔑溪溪东土地肥沃、山势平整，适宜居家生存，遂将派下分支一脉迁至溪东定居，从而成为寺平创村之祖。寺平先人在这块土地上休养生息后，人丁兴旺，家道红火。世祖戴宗碧家境殷实，父母尽管世袭"种田地、万万年"的祖训，但也有"万般皆下品，唯有读书高"的新潮。所以，少年戴宗碧即被送入私塾，饱读诗书，后来又在乡试时中举，最终赴京为官，成就光宗耀祖的基业。

戴宗碧身居京城，但不忘家乡，持家理念非常超前，时怀"无农不稳、无工不富、无商不荣"之理，常常教导家人在信奉"耕读传家"的同时，要亦工亦商。由于戴氏太公有一套古怪经商之术，他喜欢逆时进货，顺时兜售，至今还留下"六月卖火囱，冬天卖蒲扇"的传奇故事。戴氏子孙在兰源姑蔑溪畔，耕读盛行，农工并举，商贸兼营，最辉煌的时候，戴氏家族中光造纸的作坊就达十八家之多。寺平古村当时经济的繁荣迹象，在今天仍可以从戴氏宗族留下的年厅堂楼阁和雄伟民宅中读出一隅。

寺平村原有厅堂24座，现保存较完整的还有8座。厅堂占地面积6000平方米，古民居2.2万多平方米。这些古建筑融入了粉墙、青瓦、马头墙、高脊飞檐等徽派建筑的元素，并以数以万计的精美砖雕赢得了"中国最美的砖雕在寺平"的美誉。寺平古村以其独有江南民居砖雕特色，一跃成为中国历史文化名村、浙江省特色旅游村、浙江省十大生态旅游村。这个坐落在金衢盆地中部地区的民俗古村，与风光秀丽的九峰山遥遥相望，蜿蜒曲折的姑蔑溪伴随着岁月的悠扬歌声在村西流淌。其民风淳朴，历史悠久，村中弄堂门楼清逸秀丽，移步换景，一砖一瓦都会引出历史交融的古村文化，给人展示古宅余韵，令每一个步入村中的游人，都沉迷于中国明清建筑的典雅大气之中。

如今，古老的乡村因精美建筑引来了无数游览者，大家都对寺平古村精美的砖雕艺术和丰富的人文传承叹为观止。2009年5月，中央电视台戏曲频道著名主持人白燕升也来到寺平村，为他的知名栏目《燕升搜索》采访专题片《寻找金华》。穿行在寺平古村的厅堂楼阁之间，目睹着门楼上高悬着的每一块斑驳青砖，这位央视名嘴的目光久久凝视在屋檐瓦缝间长出的青草之上，感受着岁月给村弄古巷涂抹上的历史痕迹。

近些年，寺平村依托古建筑资源，积极挖掘地方民间艺术文化，创建古村落农家乐休闲旅游。21世纪以来，寺平村入选浙江省"美丽乡村"，被评为省级小康示范村、省级绿化示范村和金华市级文化特色村、金华历史文化名村。2010年，获住房和城乡建设部、国家文物局授予第五批"中国历史文化名村"荣誉称号。

一、要素分解

（一）物质要素

1. 其顺堂

其顺堂坐东朝西，与村北的平坦地势，村东的古木林，龙丘北山脚处的水路码头以及西边跌宕起伏的地貌相匹配，巧妙地把人工设计和自然美结合在一起，构成了"弯月拱星"的布局。其顺堂之正门为青石门面，青砖砌成图案，门面上方纹饰、图案、线条精细流畅，气势宏伟。它秉承开放的空间思维，以前厅、后堂、两侧房、两走廊的布局，组合成了"宗祠、书院、民居"等设计齐全的传统小社会，异于大祠堂雕肿、保守、封闭、单一的功能。120 根粗大的木柱落地构成了厅与堂、堂与房的连接，不出大门也可从这边走到另外一边，雨雪天也不会踏湿鞋袜。两个长约 12 米、宽约 2 米的大天井，存留着较完整的传统大宅院的设计风格。其顺堂对于了解建筑历史、宗族文化、古村落变迁、社会民俗、地貌演变等，都有较高的价值。

2. 寺平古巷

在寺平古村中的古巷长弄婉蜒，交错纵横，构成了寺平古村中特有的空间结构，空间虚实变幻、收放自如、明暗交替的手法，形成曲折巧妙的空间序列，引人步步深入。特别经典的是连接立本堂和崇德堂的巷子。每当穿越小巷，都能感觉到有一缕古朴的光悠悠照来，依稀时空转换，感悟流年似水。

3. 立本堂

立本堂大约始建于清代康熙戊子年。占地 300 多平方米，由戴氏后人戴公赛章所建，蝙蝠斗拱堪称江南一绝。戴赛章的女婿刘肇淦是清代嘉庆皇帝的先生，曾官封兵部主事，堂内楹联"创业维艰祖若父备尝辛苦、守成不易子而孙慎勿骄奢"，寄托了先辈对后人的告诫和期望。虽经几代变迁，厅堂内涵联依旧，还留存着这份激励后世勤勉为人的历史见证。立本堂的正厅比庭院高，后堂又比前厅高，从庭院到后堂有九步石板台阶，寓意"九九归一"和"步步高升"。

4. 崇德堂

传说为银娘第二个哥哥居住的地方称国舅府邸。檐前屋顶雕刻着祥禽瑞兽、形态古拙稳重，气宇苍劲，用"仙鹤"之嘴巧妙地雕刻出"天子"两字，暗喻着与天子有关；门楼上的砖雕"福，禄，寿，喜"四个篆书，寓意对美好生活的向往；下置一排外圆内方的砖雕，寓意金钱万贯；门两侧布满方形砖雕，寓意粮田万顷。

5. 五间花轩

人称此宅为大屋，为明代宪宗年间建造，据说入选坤宁宫的银娘就出生在此屋内。后经几代的修缮，大屋的布局格式从未变化。门檐砖雕精细，门面顶部加一层剔空砖雕花饰，中间特意放置一个葫芦，葫芦两边装饰两根铁制的寿桃顶叶，好似翰林学士帽的两片帽叶，大屋内屋柱不是很高，

但柱身上下精细均匀，并用麻布生漆裹柱子，起到了防火、美观、防蛀的效果。屋内牛腿雕有只在皇宫才能见到的龙头、凤凰，斗拱则刻以龙头、鹿身、鹿脚显示出"银娘"居所的皇家气派。

6. 崇厚堂

由兴隆次子斯楠所建，"前厅后堂、两侧两廊"是它独特的建筑风格。宗祠、民居、池榭、堂楼融为一体也使得崇厚堂像一座小宫墙。崇厚堂门面宏伟气派，造型别致，上有"九狮抢球"的砖雕，下有"八仙"的八宝石雕，

硕大的天井更是堪称江南一绝。

7.七星湖

在寺平村通往九峰山的村南路口，有一口水塘是寺平村的水口，水塘上有一水事，塘边用青石条围砌，塘中跨着粗大的青石横梁。水口的作用，一方面通过标识村落出入口的位置来界定村落的区域范围，另一方面则满足村民"保瑞避邪"的心理需要。在寺平古村的中心地带有一弯月形的七星伴月湖，水面如镜，四周民居环绕，水边的戴氏宗祠正是整个村落空间布局的核心，此处也成为古村观景的中心点。

8.百顺堂

百顺堂即戴氏宗堂，始建于明代，后毁尽，清道光九年（1829）修复，建筑面积近 800 平方米。百顺堂建筑风格宏伟独特，堂内有数根木柱，具

有水柱合一的特色，中间设有戏台，是古村的文化活动中心。

（二）精神要素

1."修身齐家治国平天下"的愿望

寺平村立本堂的大门是一个大开的外翻型八字，俗话说："衙门八字开。"在古代几乎所有的官府衙门都是呈"八"字形状外开的，显示古代官府"大门八字开、移步八字迈"之意。而立本堂的建筑形式和古代官衙如此接近，并不是张扬官威，而是以八字开的车门，蕴含聚八方之财之意。车门斗拱上的砖雕，左右各有一只仙鹿，

在古代，鹿是一种神兽，鹿也和福禄寿喜的禄字同音，代表着财富和功名利禄。古代人把能享受朝廷俸禄作为家族中最高的荣耀，反映了读书人"修身齐家治国平天下"的愿望。鹿口中衔着灵芝草，象征着吉祥如意、加官晋爵。古人把一切象征着富贵官威的装饰，在建筑门面上加以体现，这自然也是寺平古砖雕艺术中的独到之处。

2. 融入时尚的时代精神

寺平村坐落在美丽的汤溪镇九峰山下，不仅是省级小康示范村、省级绿化示范村，还是中国历史文化名村。10月2日下午，2021汤溪镇寺平古村第五届文化旅游节暨汉服节正式开幕。当天下午，其顺堂广场旁边的廊道里热闹非凡，游客接待中心旁绿树成荫，还设置了拱门、秋千等打卡点，鼓励游客穿汉服和古建筑拍照打卡，参与合拍活动赢取大奖。

近几年来，越来越多的人开始关注汉服，关注华夏传统文明，汉服复兴不断得到国内外众多人士的支持与赞扬。寺平村历史悠久，婺派古建筑众多，粉墙黛瓦，韵味古典，以前就引进过汉服节活动。今年，寺平村依然将古风服饰与古典建筑完美结合，

举办一场以汉服文化元素呈现的旅游文化节。活动当天的寺平，穿着各式汉服、头戴传统饰品的年轻人真不少，她们宽袍广袖、衣袂飘飘，尽显飘逸，构成了一道道靓丽的风景线。在村游客接待中心旁边，游客还可以现场租借汉服，进行打卡拍照，汉服拍照成为了寺平村的金名片。

（三）制度要素

1."七星伴月"的村落格局

寺平古建筑蕴含着深厚的文化内涵，早在建村之初，寺平古村的祖先即以神秘的"七星伴月"地形图景来规划全村的建筑，希望能达到"天人合一"的理想境界。据寺平村《戴氏宗谱》记载，天上的北斗七星落在人间，化为寺平村东南面的七座山头，紧紧围绕和呵护着村中巨大的月湖，从而形成自然风貌上的七星伴月。然而，随着岁月流逝，风雨冲刷使曾经的七座山头逐渐消磨殆尽。之后，寺平村中牢记古训的先辈们又依据七星的方位，分别建造了七座宏伟的殿堂，其中"安乐寺"对应北斗七星的"天枢星"；"其顺堂"对应"天璇星"；"立本堂"对应天机星；"崇德堂"对应

天权星；"崇厚堂"对应玉衡星；"敦睦堂"对应闾阳星；"百顺堂"对应摇光星。这七座楼堂的建造上应星宿，下合地势，内涵意蕴，中间所围绕的正是皎洁的明月——亘古以来的月湖，从而构成了寺平古村最为奇妙的七星伴月自然人文景观。

后来，村里的巷弄和厅堂布局也是按照"七星"的方位来设置。因此，寺平村主要厅堂的大门基本上都是朝西或朝南方向开的，尤以朝西方向为主，这和村庄的布局和朝向浑然一体，遥相呼应。

2. 独具特色的徽派建筑风格

寺平村位于金华市汤溪镇，毗邻九峰山，始建于明代初期，距今已有700多年历史。以七星伴月构建，徽派建筑风格的古色古屋遍布全村，原有厅堂24座。这些明、清古建筑中，每座古建筑的门面上都镶嵌着数以千计的砖雕，有飞禽走兽、花鸟虫鱼、戏剧插图等精美图案，雕工精细，错落有致。其古砖雕工艺之精美，古建筑保护之完整，令人叹为观止。

（四）语言和象征符号
吉祥如意的象征

在寺平古村的建筑风格中，无论是门面砖雕，还是梁柱木刻，都配有吉祥如意的图案装饰，无论是花鸟虫鱼，还是戏曲人物片段，表述的均为招财纳福、镇宅辟邪之意。立本堂门面砖雕上喜鹊登梅图案，喻义着"喜上眉（梅）梢"，有吉祥喜庆之意。还有门面上的麒麟雕刻，集龙头、鹿角、狮眼、虎背、熊腰、蛇鳞于一身，与凤、龟、龙并称为"吉祥四灵"之一，麒麟更是主吉之首。

二、核心基因提取与评价

基于对材料的全面、深入分析，可将本文化元素的核心基因表述为"'七星伴月'的村落格局""独具特色的徽派建筑风格""吉祥如意的象征"。

寺平古村核心文化基因评价依据

评价项目	评价因子	评价依据（特点）	是否
生命力评价	文化基因存续的时间	自出现起延续至今，未曾明显中断	√
		自出现起延续至今，但多次衰微、中断后复兴	
		曾明显衰败，改革开放后开始复兴或历史溯源关键环节缺失，难以考证	
		文化形态主体已灭失，现存部分痕迹	
	文化基因的稳定性	在发展过程中保持相当稳定的状态	√
		在发展过程中存在明显的精神内涵、表现形式剧变	
凝聚力评价	文化基因的凝聚力及社会动员效果	曾广泛凝聚起区域群体的力量，显著推动过社会经济文化的发展	√
		曾部分凝聚起区域群体力量，对社会经济文化的发展产生过影响	
		凝聚过力量，创造过实际的发展动能，但未见对社会经济文化发展产生显著改变	
		仅在历史文献或口耳相传中存在，未见实际介入社会经济发展	

续表

评价项目	评价因子	评价依据（特点）	是否
影响力评价	辐射的范围	具有全国性、世界性的影响力	√
		具有长三角区域、浙江省影响力	
		具有市县、乡镇影响力	
	提炼的高度	已经被古代文人士大夫和当代学者提炼为精神符号和理念理论	√
		单纯的样式、造型、工艺技术规范	
发展力评价	与当代精神追求和价值观念的契合	传统文化基因得到创造性转化、创新性发展；区域革命文化基因被完整继承、广泛弘扬；区域社会主义先进文化基因成为与浙江"三个地"相适应的文化高地	√
		部分转化、部分弘扬、部分发展	
		难以转化、难以弘扬、难以发展	
说明：基因特点评价是对解码出来的基因，根据本《导则》表2的要求，围绕"四个力"逐一对表打"√"，进行定性表述			

（一）生命力评价

金华市汤溪镇寺平村，坐落于省级风景名胜区九峰山下，是第五批中国历史文化名村，也是中国古代十大美女银娘故乡。寺平戴氏祖先从元末迁徙于此，至今已有七百余年的历史。徽派建筑风格的古民居遍布全村，寺平村以"七星伴月"为核心理念来规划全村建筑，每砖每瓦都会诠释出历史悠久的古村文化。

（二）凝聚力评价

寺平古村旅游事业起步较早，2006年开游以来，初步形成了"影视＋旅游、农业休闲＋旅游、研学旅行＋旅游、红色文化＋旅游"的古村落旅游模式，先后接待中外游客200

万人次，壮大了村集体的收入，同时也增加了村民的收入，为乡村振兴、共同富裕注入了活力。今年，增设了合拍打卡等一些互动体验设施，启动了亮化工程，融入了众多年轻人喜爱的元素，吸引了大量的年轻人，在努力做好古建筑保护的同时，让寺平古村时尚起来，好玩起来。

（三）影响力评价

寺平村始建于明代初期，村庄地貌倚"七星伴月"之形。村落中遍布的徽派建筑构思精巧、自然得体，雕梁画栋经过几百年时光的洗礼更显古朴沉重，还多了几分因历史产生的厚重感。倚徽派建筑而成的砖雕在这几百年的时间里不仅没有被损坏，反倒精美绝伦，引人赞叹。2010年，寺平村以其精美的古砖雕工艺、完整的古砖雕作品被评为"中国历史文化名村"，2013年又被评为"中国传统古村落"和"国家重点文物保护单位"。

（四）发展力评价

近年来，寺平村在美丽乡村创建过程中，改善了村内的环境卫生状况，在历史文化遗存保护上也取得了很好的成果。还承办了"海外名校学子走进金华古村落"的活动，让海外学子在包容友爱、热情好客的住家感受中国古村落的魅力。今年开始，寺平村持续发力研学游赛道，相继引进国家级研学平台——中国研学网，国家级非物质文化遗产保护项目——婺州窑烧制技艺，与浙江研途文化旅游有限公司、金华七天大胜旅行社达成战略合作，引进国内最专业的研学旅行课程，将寺平古村落打造成金华最受中小学生欢迎的研学基地。下一步，中国古核雕博物馆、汤溪镇非遗馆、中国最美砖雕博物馆也将相继落户寺平。

三、核心基因保存

　　"吉祥如意的象征""'七星伴月'的村落格局""独具特色的徽派建筑风格"是寺平古村的核心基因，其《传统村落活化更新的模式研究——以金华市汤溪镇寺平村为例》等 5 项文字资料保存于金华经济技术开发区文化基因解码调查组资料库；以及 15 项图片资料保存于金华经济技术开发区文化基因解码调查组资料库。

上境刘氏宗祠

八婺菁华　金华经济开发区文化基因

上境刘氏宗祠

　　婺城区汤溪镇上境村中立着一座古色古香的祠堂，是明清时期名扬古婺州的刘氏宗祠。上境村，原名枫林庄，始祖刘清，宋时任监察御史，自淮阳三迁兰溪枫林，即今汤溪上境，成为枫林始祖，今村民也称其为迁汤始祖。刘氏历史悠久，至今已有880余年。在历史长河中，上境刘氏人才济济。宋宁宗、理宗时，任翰林院大学士的刘晋之；进士及第，任江西永宁县令，百姓立"去思碑"的刘介儒；明初任监察御史，官至刑部左侍郎的刘辰；明嘉靖年间活至103岁，被嘉靖皇帝赐冠带以示嘉奖的刘氏第九太公宗钦。明正德年间，刘氏在上境村是名门望族，在汤溪乃至婺州的威望声势极高。

为纪念先辈在历史上的赫赫功绩，明朝正德年间，刘氏族长发起建造了刘氏宗祠，为纪念刘氏家族对朝廷的贡献，皇帝还特敕建了"五开间"。祠堂气势恢宏，宏伟壮观，就像一颗在古村绽放绚烂光彩的明珠，记载着刘氏家族辉煌的历史篇章。

一、要素分解

（一）物质要素

1. 汤溪镇上境村

汤溪镇上境村，原名"枫林庄"，位于通往九峰山的必经之路。北宋仁宗庆历八年（1048），原监察御史刘清辞官后自河南鲁山迁居淮阳，又从淮阳三迁至兰溪枫林，筑室定居，取名"枫林庄"，至今已有970多年的历史。明成化八年（1472），汤溪县第一任知县宋约来到枫林庄，看到此地景色秀美，犹如仙境，再加上地势较高，赞曰"上风上水，上乘之境"，便将枫林庄更名为"上境村"，一直沿用至今。

2. 上境刘氏祠堂建筑

上境刘氏祠堂包括前面的空地、池塘，约6000平方米，建筑面积2950平方米。祠堂分为头门、中厅、后堂，东西各九大间，四周四座角厅等五大部分，还有照墙围墙和东西车门。

刘氏宗祠头门飞檐高翘,四根石柱托着刻有花纹的三根红色大梁,中间有"刘氏宗祠"大匾额,祠堂显得宏伟、庄严、肃穆。步入祠堂,是开阔的一进大门,由数根粗壮的石柱子分为"五开间",刘炳泉说,一般的宗祠是三开间,而刘氏宗祠则是皇帝敕建的五开间,也是汤溪最大的宗祠。

门楼上漂亮的牛腿雕刻着关羽、张飞等蜀中五虎将木雕。梁上刻有与刘备有关的"隆中对"典故,据刘氏后人刘炳泉说,因为上境村刘氏是中山刘氏一族之后。梁下则雕刻着八仙过海、琴棋书画等题材。开间西侧立助田碑,碑文记载了刘氏先人到汤溪建村沿革。踩着古老的大青石板拾级而上便是大厅,几十根石柱有序地排列着,使祠堂更加气派。古石柱有72根,现尚存44根。第三进则是后堂,三进有"叙伦"匾一块,现在已经不在了。上境村村志记载,刘氏宗祠曾经名扬金华八县,时称金华八县有"祠堂两座半",而刘氏宗祠就是两座里面的其中一座。

(二)精神要素
严以修身、廉以正己的乡风乡训

上境村历史悠久,文化底蕴深厚,古时就走出过不少清官廉吏。其创始人刘清在宋仁宗庆历年间任监察御史,与一代名臣王拱辰、文彦博交好,一度与范仲淹、包拯、欧阳修等同朝为官,崇尚"清明廉政"的为官之道,力主通过推行新政兴利除弊、强国富民。350多年后,上境又出了一个监察御史刘辰,他在明太祖朱元璋尚未建国时就已追随左右,担任典签,处理文书,建文年间任监察御史,永乐年初又参与修撰《明太祖实录》,可谓是三朝老臣。在为官执政上,他仗义执言,尽显"正""直"本色。此外,还有翰林院大学士刘晋之、百姓立"去思碑"以纪念的进士刘介儒、太子太傅刘肇淦等,从上境走出去的还有身经百战的名将刘法,宋哲宗时期,他以大无畏的精神临危受命,领兵大败西夏军于洪州(今陕西靖边县南),一举扭转战局。自古以来,上境村有"严以修身、廉以正己"的乡风乡训和"仁义礼智信"的美德代代相传。

(三)语言和象征符号
1. 刘文彦御点驸马故事
刘清是招讨节度使刘泽的嫡孙,

青州司户刘宝的长子。在北宋仁宗庆历年间出任监察御史。刘清自幼清慎明敏。为官后，他以父亲为楷模，清明廉政，誉满朝野。当时与王拱辰、文彦博交好，世称"松竹梅岁寒三友"。刘清后代子孙在为官仕途又颇得刘清精神，在历史上留下赫赫功勋，为后人称颂。刘清的孙子刘文彦得其祖父辈真传，官至驸马爷。相传，刘清病故不久，孙子刘文彦就降临了。刘文彦天资聪慧，六七岁时就能"三字经、百家姓、四书、五经、唐诗"过目不忘；12岁已经可以落笔成章，闻名金华八县，考中秀才；随之，成为兰溪县头一名的未成年举人。不久，宋徽宗放榜开科，各路学子纷纷进京考试。文彦得知消息，吵闹着要参加。但其父因其年纪尚小，不同意，但拗不过倔强的文彦，只好答应。考试那天，徽宗皇帝亲临考场。发考卷的监考官发现有未成年考生，很是奇怪，并将此事禀告皇上。于是，好奇的宋徽宗便亲自来到刘文彦的身边，看其做题。刘文彦专心致志答题，丝毫没有察觉身边站着当朝的皇帝。考后，徽宗召

见刘文彦，文彦虽然只有13岁，但回答皇帝的问题时却对答如流，没有丝毫畏怯，徽宗很开心。几天下来，一连三道门槛考试，刘文彦皆高第，名列榜首。于是，宋徽宗御点刘文彦为头名状元，并招为东床驸马。少年刘文彦中状元并被纳为驸马爷的喜报从京城送到上境村后，村民奔走相告，一片沸腾。

2. 迁汤始祖刘清画像

在刘氏宗祠大厅里，有一幅迁汤（汤溪）始祖刘清的画像。刘清，乃是招讨节度使刘泽的嫡孙，青州司户刘宝的长子。在北宋仁宗庆历年间出任监察御史。刘清自幼清慎明敏。为官后，他以父亲为楷模，清明廉政，誉满朝野。

二、核心基因提取与评价

基于对材料的全面、深入分析，可将本文化元素的核心基因表述为"汤溪镇上境村""上境刘氏祠堂建筑""严以修身、廉以正己的乡风乡训"。

上境刘氏宗祠核心文化基因评价依据

评价项目	评价因子	评价依据（特点）	是否
生命力评价	文化基因存续的时间	自出现起延续至今，未曾明显中断	√
		自出现起延续至今，但多次衰微、中断后复兴	
		曾明显衰败，改革开放后开始复兴或历史溯源关键环节缺失，难以考证	
		文化形态主体已灭失，现存部分痕迹	
	文化基因的稳定性	在发展过程中保持相当稳定的状态	√
		在发展过程中存在明显的精神内涵、表现形式剧变	
凝聚力评价	文化基因的凝聚力及社会动员效果	曾广泛凝聚起区域群体的力量，显著推动过社会经济文化的发展	√
		曾部分凝聚起区域群体力量，对社会经济文化的发展产生过影响	
		凝聚过力量，创造过实际的发展动能，但未见对社会经济文化发展产生显著改变	
		仅在历史文献或口耳相传中存在，未见实际介入社会经济发展	

评价项目	评价因子	评价依据（特点）	是否
影响力评价	辐射的范围	具有全国性、世界性的影响力	√
		具有长三角区域、浙江省影响力	
		具有市县、乡镇影响力	
	提炼的高度	已经被古代文人士大夫和当代学者提炼为精神符号和理念理论	√
		单纯的样式、造型、工艺技术规范	
发展力评价	与当代精神追求和价值观念的契合	传统文化基因得到创造性转化、创新性发展；区域革命文化基因被完整继承、广泛弘扬；区域社会主义先进文化基因成为与浙江"三个地"相适应的文化高地	√
		部分转化、部分弘扬、部分发展	
		难以转化、难以弘扬、难以发展	

说明：基因特点评价是对解码出来的基因，根据本《导则》表2的要求，围绕"四个力"逐一对表打"√"，进行定性表述

（一）生命力评价

历经数百年风雨洗刷的刘氏宗祠，内部修复工作刻不容缓。2004年，在刘炳泉、刘树丛等老一辈刘氏族人的积极倡议和带领下，村"两委"重修刘氏宗祠，在婺城区文体局的支持下开始动手修复刘氏宗祠，修复工作历时两年。修复后的刘氏宗祠，在保持原来面貌的基础上，变得更加光彩夺目。

（二）凝聚力评价

在时光的长河里，上境刘氏宗祠的精神信仰慢慢沉淀形成一股凝聚力，并随着一代代上境人的传承，被不断赋予新的含义。从"严以修身，廉以正己"的刘氏治家法宝，到"仁义礼

智信"更为丰富的拓展，再到今天党领导下的红色革命精神，家风家训引领着上境人治家、修身，一代代优秀的上境人身上也彰显了家风家训的精神内核。

（三）影响力评价

刘氏宗祠使上境这座古村文化内涵更加厚重。上境村启动了古村落一期修缮工程后，对刘氏宗祠、三畏堂、崇礼堂等20多座（幢）进行修缮保护，投入修缮资金600万元。下一步将在保护古建筑的同时，深入挖掘和开发上境这座古村的文化内涵，并将其转化为旅游资源，其影响力也将遍布金华乃至整个浙江。

（四）发展力评价

2006年，刘氏宗祠被列入金华市第一批"市重点文物保护单位"。近年来，古老的刘氏宗祠也越来越受到社会各界人士的关注，得到了一些企业的爱心捐助。岁月变迁，但刘氏宗祠保存基本完整，牛腿门梁上八仙过海、蜀中五虎将等题材的人物、花果、山水、花鸟等雕刻木构件，依然保留着明清时代建筑风格。

三、核心基因保存

　　"汤溪镇上境村""上境刘氏祠堂建筑""严以修身、廉以正己的乡风乡训"作为上境刘氏宗祠的核心基因，资料保存情况如下：

　　文字、图片、视频资料保存于浙江省"文化基因解码工程"管理信息系统金华经济技术开发区管理委员会资料库。

金西古商埠

八婺菁华　金华经济开发区文化基因

金西古商埠

　　金华经济技术开发区成立于 1992 年，后升格为国家级经济技术开发区，是金华重要的政治、经济、文化、商贸中心，其下辖的汤溪、罗埠、洋埠三镇自古以来是当地重要的商埠码头和交通枢纽，孕育了丰富多彩的金西古商埠文化。

　　汤溪镇地处金华西部，生态环境优越，拥有美丽的莘畈溪和厚大溪，山林毓秀的九峰山，苍翠的万亩茶园，香火鼎盛的九峰禅寺。它人文底蕴深厚，是古婺州八县之一——汤溪县城的所在地，拥有 500 多年县治历史，拥有省级重点文物保护单位"城隍庙"，省级非物质文化遗产城隍庙和厚大"抢头杵"

民间习俗。汤溪历代人才辈出，古有东汉才子龙邱苌、唐朝礼部尚书徐安贞、明代抗清主帅胡森，今有著名画家丰子恺、全国劳模陈双田等，这些名人在历史长河中熠熠生辉。

近年来，汤溪镇重点挖掘古遗址、古人物、非遗文化三大板块，围绕汤溪古城门、古建筑、古井等重要节点建筑和重大历史素材，致力于打造汤溪镇"千年古城"复兴项目。其中，汤溪镇以城隍庙为中心点，建设汤溪美食府、汤溪博物馆、小镇客厅，并营造城隍殿街美食购物一条街，通过发展具有浓厚乡土特色的汤溪菜系和汤溪小吃产业文化，丰富业态，形成深厚的商业氛围，成为金西三大集镇之一。

罗埠镇位于金华西隅，曾是浙江千年商贸重镇之一，以"瀫南重镇"和"钱江上游商埠重镇之一"享誉浙西。

罗埠位于广阔的河谷平原，衢江自西向东奔腾而过。衢江的支流——罗埠溪上通衢江，下接兰江，使罗埠成为重要的商贸码头。

据记载，罗埠作为重要的贸易集散地，航运商贸活动从秦代一直延续到新中国成立后。水运带动商业发展，码头边兴起了商业街。这里商贾云集，店铺林立、吆喝叫卖、熙熙攘攘。至清代，罗埠的各业商店，作坊陆续成为著名商号。江西、福建、义乌、衢州、徽州等地的行商、坐商给罗埠的文化注入了新的元素。有诗云："十里江涛穿北岸，千家烟火匝南天。鱼虾舶到人成市，歌舞场喧夜勿眠。"恰当地描述了当时的景象。乾隆版《汤溪县志》中描述罗埠溪上游的南北山货，顺溪流而下，至罗埠溪运往各地。

如今，罗埠风貌依昔，商业形态丰富，开着理发店、茶店、馄饨店、酱油厂、打铁店、钟表修理店，以及购买零售商品的副食品店等。走进老街，人们依然可以感受老街上那几近凝滞的光阴和曾经繁华的商贸印记。

洋埠镇地处浙江金华西隅，镇域面积18.15平方千米，辖15个行政村，这里区位优势明显，自然风光优美，

文化积淀深厚，民情民风纯朴。衢江南岸冲积平原为农作物提供了肥沃的土壤，因此洋埠一直是重要的粮、棉、油和蔬菜生产基地，也是著名的辣椒之乡。早在明清时期，洋埠就有"粮仓"之称，那时这里航运发达，米行林立，富庶一方。这里名人辈出，古迹犹存，汤溪第一大族青阳胡氏即发族于此。《汤溪县志》载，明太祖进兵江西时在古驿站驻马的马宅基就位于让宅村。大坟头村因是明开国文臣宋濂所推崇的胡铭七太公墓所在地而得名，汤溪第一进士胡超致仕返乡的东田自然村现建有胡超纪念碑。在宋处士洪仲卜居的青阳洪村石鼓厅，花厅古意盎然，始建于明朝的尚睦堂、顺连堂、进士"恩荣"牌坊静静伫立在湖前村，仿佛诉说着往日的荣光。"钟灵毓秀五都地，沃野流长景色新"的五都钱是武肃王钱镠后裔卜居之地，至今崇学尚教，古风昌盛。这片土地孕育了汤溪第一进士胡超，南京兵马司胡怀，江夏县令胡斐，萍乡县令胡佩，太仓学正胡大雅，清太谷县令胡炜等众多先贤，涌现了近代汤中创始人洪初吉，书画名家钱彰武等，深受众人敬重。抗战时期，汤溪中学的前身维二中学就创办在此，培养了大批学子，耕读家风传千秋。

走进洋埠老街米行街，有百年历史的照相馆、老茶馆，还有售卖渔家小菜、洋埠馄饨、盐卤豆腐、馒头、炊糕、麦面的店铺，展现出这座小镇的时光流转和原滋原味。

近年来，随着金西的全面开发，洋埠的经济有了长足的发展，形成食品、定时器、电机、造纸、纺织、染整、木工机床七大产业。近年来，洋埠镇依托小城镇综合整治、"污水零直排区"建设、全国文明城市创建、新农村建设等契机，大力推进集镇面貌改善、基础设施完善、人居环境提升，先后获评省级"污水零直排"示范镇、国家级卫生乡镇、全市文明创建"骏马奖"等荣誉，有力实现经济社会发展环境的"硬核提升"。

一、要素分解

（一）物质要素

1. 罗埠码头和罗埠老街

罗埠是个水陆码头，是金、兰、龙、遂四县重要的物资集散地之一，商业繁盛。它于宋时形成集市，明清代已有相当规模，定期进行集市贸易，居民也形成农忙务农、农闲经商的习惯。民国二十二年（1933），罗埠成立商会，有米、油、酱、布、竹、木等12个行业。抗战时期，罗埠曾遭日寇轰炸破坏，后重新扩街建镇，成为军事及民用物资转运、购销的重要通渠。抗战胜利后，虽经国民党横征暴敛导致各业凋蔽，但是在我党和政府领导下，罗埠商业恢复发展。1978年，罗埠投资新建了竹、木、仔猪市场。1990年又建立了罗埠综合市场，交易兴旺。1984年以来，结合集镇建设，罗埠开辟了二条新街，进行了莲湖、湖田二处的市场建设，形成以罗埠镇为龙头，广大农村为网点的商业市场新格局。

罗埠老街全长406米，分为上街、中街和下街，建筑多建于清晚期和民国时期，现保留着许多年代久远的老店，有攒桶店、长寿面店、理发店、馒头店、竹编匠、茶馆、老酱油厂等。自古以来，罗埠日日有集。每日清晨，罗埠老街上，户户打开铺板门，迎门支起货摊，摆放百货，有"十户九经商"之说。过去，厚大溪中船来船往，罗埠老街人来人往，是个热闹非凡的集镇。后来，随着河道阻塞，水运交通衰落，陆路交通的兴起，罗埠镇也就失去大宗货物交易转运的优势，但千百年来形成的老街商铺林立的格局并没有改变，罗埠依然是当地重要的商贸交流中心。

2. "益生"百年酱坊

在老街西面的赵里巷，有一家生产罗埠土酱油的百年老字号企业——益生食品厂。它的前身是原金华汤溪县罗埠镇的隆泰益酱油铺，创建于1894年，至今已有124年历史，是金西三镇中唯一一家能采用传统工艺生产酱油的工厂。当年原金华汤溪县洋埠镇下潘村的地主章寿南、章伯南两兄弟，在罗埠镇开出隆泰益酱油铺。由于制作精良、味道鲜美，邻近百姓皆到该酱油铺购买。附近的汤溪、白龙桥以及衢州、遂昌等地的客商也纷纷前来订购。新中国成立后，当地政府把洋埠镇的隆泰生合并到隆泰益，名为益生酱油，同时生产各种豆瓣酱等，后归罗埠供销社管辖。2001年，企业改制后，罗埠酱油厂已从单一的酱油厂发展成生产多种食品的益生食品厂。如今，益生食品厂依然坚持古法炮制，上百只大缸就晒在院子里，"日晒夜露"让产出的酱油特别鲜香。

罗埠酱油香飘四方，金华乃至附近县市专门前往罗埠采买酱油者众。

3. 汤溪寺平古村

汤溪镇寺平村，是一个受徽派建筑风格影响的古村落，距今已有700多年的历史，现有保存较为完整的明清时期厅堂8座，古民宅共计1000余间，其徽派建筑属浙江省规模最大、保存最完整的古村落，被金华市婺城区政府命名为"历史文化名村"。寺平古村落每座古建筑门面上均镶嵌着数以千计的砖雕、飞禽走兽、花鸟虫鱼、戏曲片段插图，图案精美，雕工精细，细条柔美流畅，独特的雕凿艺术堪称一绝。

4. 汤溪城隍庙

汤溪城隍庙是浙江省重点文物保护单位，建成于明成化八年（1472），由汤溪县第一任知县宋约所建，现保留的城隍庙为清同治五年（1866）建成，

占地面积约2.26万平方米，建筑占地面积3300平方米，是一座建筑宏伟、雕刻精细、保存完整的古建筑，也是朝观古圣先贤的旅游胜地，其建筑构件雕刻体现了我国古代建筑艺术特色，具有较高的艺术和历史欣赏价值，现被人们誉称为"江南第一庙"。

5. 上境古建筑群

上境古建筑群位于金华市婺城区汤溪镇上境村，年代为明、清。上境村原名枫林庄，始祖刘清，宋时任监察御史，自河南淮阳迁入兰溪枫林，即汤溪上境村，成为上境始祖，村民称其为迁汤始祖。八百多年的悠久历史，使上镜村古建筑多而出众。2017年1月13日，浙江省人民政府公布其为第七批浙江省文物保护单位。

6. 洋埠码头和米行街

埠头，是码头、港口的雏形。《诗经·小雅·天保》有"如山如阜，如冈如陵"诗句。埠，从土，为泊船之所。

濒水，商贾往来，水行山处，称作埠头。埠头，本作"步头"，水行止步的意思。后来专指商贾泊船的地方。洋埠最有名的埠头有两处，一处是位于现洋埠村的"洋埠埠头"，另一处位于让宅村。在过去，两处埠头的用处各异，洋埠埠头大多用于往来摆渡和小买卖的交易，曾是洋埠与游埠、兰溪往来的重要交通要道。让宅村的埠头则是当时来往于杭州和衢州地区货船的重要停靠点。

米行街位于洋埠镇洋埠村，长约400米。洋埠码头水运发达，造就了米行街上百年的繁荣。过去，此街有很多家米店，因此这条街也就取名为米行街。在明清时期，洋埠就被外人称为"粮仓"，老街最多的店面就是米店，一条街上就有几十家。借助水路交通便利的优势，洋埠的大米销往杭州、富阳、桐庐、萧山和绍兴等地，

也吸引来自全国各地的米商。米行街上，有米店、茶馆、布店、盐行、理发店、寺庙，满足来往客商和当地居民的物质和精神生活。到了民国时期，老街的商业进一步得到发展，为加强对老街的管理，当时的政府在老街上建起了专门的警察局和税务局，负责老街商业运转的治安和税收工作。

（二）制度要素

1.围绕茶馆展开的生活和洽商习俗

罗埠老街茶馆极为有名，如今依然保持着千百年来的旧貌。茶馆里没有奢华的装潢和设备，只是在小小的店铺里摆上几张长条桌或八仙桌，然后放几条窄条凳。罗埠人至今保持着清早和午后喝茶的习惯。罗埠作为水路往来的中转站，过客最需要的是一

个歇脚的地方，罗埠老街的众多茶馆承担了这一重任。来去匆匆的商贩在把货物运到罗埠后，常在茶馆中一边歇息，一边等待着客商前来洽谈；而前来购物的客商，同样是一边喝茶一边等待着商贩。当素不相识的双方在茶馆喝着茶，生意谈拢的时候，即可起身前往埠头交易。因此，茶馆就成为他们双方见面和洽谈的最佳地点。这种茶馆里饮茶的习惯，历经岁月的演化，已经成为罗埠人的生活习俗。

同时，洋埠码头的茶馆数量极多。在米行街上，林立的茶馆是老街的另一道风景。过去，茶馆是商人和村民当时最喜欢去的地方，商人们在那里谈生意，村民们在那里唠家常、听说书。据了解，20世纪80年代，老街上还有20多家茶馆。

2. 不时不食、崇尚本味的饮食习俗

自古以来，金西古商埠人民生活上有不时不食、以节会友、淳朴饮食的习惯，注重清洁卫生、讲究饮食本味、崇尚节俭、善于饮食调理，保持着"土"、"野"风尚，不论烹饪蔬菜、水鲜，还是制作酒，都是根据时令选择天然食材，讲究的是"虽疏食菜羹

瓜祭，必齐如也"的饮食养生文化。从立夏至重阳，金西古商埠人还要加餐吃点心，大忙季节则增至五餐。金西古商埠饮食，多鱼鲜佳蔬，炖菜多、入味浓、味微辣，喜好用酱油煸炒小菜、炖煮原味、时令鲜疏。过年、结婚、做寿、建房上梁时，当地都要置办酒席宴请宾客，菜肴有八大菜、八冷盆、八热炒、两道点心、两道水果。诸如全鸡、全鸭、全鱼、蹄髈、红烧狮子头、红烧肉、山粉肉圆、鱼冻、豆冻、卤牛肉、八宝菜、葱花肉、白切鸡、白切肚、煮白肠、炸响铃、豆腐包、桂花肉、炒番薯粉丝、糖醋排骨、炒年糕、芹菜豆腐干、毛芋羹、八宝饭等，主食是烧粥捞饭。而最有名的宴席是当地的豆腐席，既有传统食文化的精华，又融入了现代的健康饮食观念，千张、臭豆腐、油泡、豆腐干，营养丰富，味美价廉，众人皆知。

3. 抢头杵习俗

抢头杵是汤溪范姓村民在清明祭祖时的一个十分奇特、有趣的民间活动。它以游戏为活动形式，以家庭婚姻为目的，搭起青年男女互相交往的平台，并在游戏中加深了解，互相表达爱慕之情。这个有趣的活动始于南

宋年间，一直持续到民国期间，从未间断过。

游戏由范姓未婚男青年家庭共同组织发起，邻村未婚女青年自愿参加，游戏地点选择在范姓的祖坟前，因此，除了游戏的娱乐性和表达方式的原始直白，更有着祖先见证的无比神圣。游戏主要分四个程序：1、准备。范姓未婚男青年家庭事先以五谷（米、麦、豆、高粱、粟）做成头杵若干；2、报名。邻村未婚女青年在祠堂管理员处领取花篮一个；3、投杵。未婚男青年将头杵投入自己钟情对象手中的花篮中，每次一枚，可反复投递；4、决胜。获得头杵最多的姑娘由范姓族中长辈戴上象征荣耀的花环，所有未婚女青年可以在自己花篮里投过头杵的男青年中选择自己的意中人。

二、核心基因提取与评价

基于对材料的全面、深入分析，可将本文化元素的核心基因表述为"罗埠码头和罗埠老街""洋埠码头和米行街""围绕茶馆展开的生活和洽商习俗""不时不食、崇尚本味的饮食习俗"。

金西古商埠核心文化基因评价依据

评价项目	评价因子	评价依据（特点）	是否
生命力评价	文化基因存续的时间	自出现起延续至今，未曾明显中断	√
		自出现起延续至今，但多次衰微、中断后复兴	
		曾明显衰败，改革开放后开始复兴或历史溯源关键环节缺失，难以考证	
		文化形态主体已灭失，现存部分痕迹	
	文化基因的稳定性	在发展过程中保持相当稳定的状态	√
		在发展过程中存在明显的精神内涵、表现形式剧变	
凝聚力评价	文化基因的凝聚力及社会动员效果	曾广泛凝聚起区域群体的力量，显著推动过社会经济文化的发展	√
		曾部分凝聚起区域群体力量，对社会经济文化的发展产生过影响	
		凝聚过力量，创造过实际的发展动能，但未见对社会经济文化发展产生显著改变	
		仅在历史文献或口耳相传中存在，未见实际介入社会经济发展	

续表

评价项目	评价因子	评价依据（特点）	是否
影响力评价	辐射的范围	具有全国性、世界性的影响力	√
		具有长三角区域、浙江省影响力	
		具有市县、乡镇影响力	
	提炼的高度	已经被古代文人士大夫和当代学者提炼为精神符号和理念理论	√
		单纯的样式、造型、工艺技术规范	
发展力评价	与当代精神追求和价值观念的契合	传统文化基因得到创造性转化、创新性发展；区域革命文化基因被完整继承、广泛弘扬；区域社会主义先进文化基因成为与浙江"三个地"相适应的文化高地	√
		部分转化、部分弘扬、部分发展	
		难以转化、难以弘扬、难以发展	

说明：基因特点评价是对解码出来的基因，根据本《导则》表 2 的要求，围绕"四个力"逐一对表打"√"，进行定性表述

（一）生命力评价

金西古商埠区位条件优越，自古以来为交通要道和兵家必争之地，水陆空立体交通优势明显，有"水通南国三千里，气压江城十四州"及"陆路郑隘，水上通衢"之说。在漫长的内河航运和商贸发展过程中，积淀了深厚的历史，孕育了丰富多彩的文化现象。其文化基因自出现起延续至今，未曾明显中断，且在发展过程中保持相当稳定的状态。

（二）凝聚力评价

金西古商埠的历史源远流长，人文荟萃，社会风气敦厚纯朴。遍布境内的历史遗迹、丰富多彩的故事传说、灵动鲜活的民俗文化，使三镇成为经济开发区乃至整个金华地区的文化高

地，为金华的经济建设和科技发展提供了全方位的文化支撑与智力支持，因此，其文化基因能广泛凝聚起区域群体的力量，显著推动社会经济文化的发展。

（三）影响力评价

金西三镇自然条件优渥，物产丰富，自古以来是浙西航运、商贸的重镇。它们借助水路交通便利的优势，将货物远销往江浙各地，码头街市上全国各地的客商云集，其影响力遍及国内。与此同时，其核心基因已经被古代文人士大夫和当代学者提炼为精神符号和理念理论，具有全国性的影响力。

（四）发展力评价

近年来，金西古商埠持续发力，深度融合创新发展的理念，推进三大古镇乡村文化旅游和经济快速发展。其中，罗埠镇以"茶味慢生活，商埠繁华地，运动健康行，小镇生态居"为集镇定位，深入挖掘罗埠酱油坊、罗埠土索面等特色物质文化，全力打造三条特色街区，建设"茶味商埠，悦动古镇"，取得良好成效；洋埠古镇积极发展亲子研学，通过举办文化旅游节等系列活动，形成了米文化为主体，集古埠老街、江景观光、农耕习俗为一体的文化旅游体系。汤溪镇作为国家级金华经济技术开发区金西区块核心区域，深入挖掘本地文化内涵，致力于推动文旅融合，先后荣获"全国文明村镇""浙江省绿色小城镇""东海明珠乡镇""小城镇环境综合整治省级样板镇"等荣誉称号。

三、核心基因保存

"罗埠码头和罗埠老街""洋埠码头和米行街""围绕茶馆展开的生活和洽商习俗""不时不食、崇尚本味的饮食习俗"作为金西古商埠的核心基因，资料保存情况如下：

文字、图片、视频资料保存于浙江省"文化基因解码工程"管理信息系统金华经济技术开发区管理委员会资料库。

九峰山故事

八婺菁华 金华经济开发区文化基因

九峰山故事

　　九峰山，古称妇人岩，又称龙邱山，芙蓉山。它距金华市区
28公里，与金华县汤溪镇相依，面积10.38平方千米，是仙霞岭
山脉括苍山脉余支，为丹霞地貌结构，峰石林立，山水相依。

　　九峰山自然景观优美，人文景观丰富。山奇、石怪、水秀、
洞幽、地野，寺庙、古建筑、遗址、古墓、石刻、神话传说丰富。
九峰山现有自然、人文物景观80多处，相互辉映，融为一体。
这里有白垩纪火山岩沉积沙砾岩构造，奇峰突兀，壑幽谷深，似
鬼斧神工。近观山峰巍峨，巧石生辉；举头仰望，白云悠悠，鹰
击长空。绿树黛山，断壁山崖，在霞光的映照下，光彩夺目，山
峰幻影无比，正如有诗所云："南望参差九点峰，青天削出翠芙蓉"。

一、要素分解

（一）物质要素

1. 雄奇伟峻、宽旷绝奇的自然环境

　　九峰山九峰禅寺前, 有珠帘从达摩峰顶纷纷扬扬散落, "一泉飞自半山间, 如泻珠巩见雨天; 不比轰雷强作势, 晴春洒漫袅苍烟。" 九峰山给人一种纯自然的美感, 山、林、水、石皆是。山中林缘线, 有的整齐划一, 有的参差错落, 有一种音律美和节奏美感, 春夏秋冬周而复始。翠竹摇曳, 微风吹过, 竹叶婆娑; 阳光照耀, 斑斑点点, 犹如一幅绝妙的风景画面。有时万籁俱寂, 只剩鸟鸣虫唱; 有时瀑喧溪吟风吹, 飒飒作响, 犹如进入童话

世界，可谓"下坞攀竹垂翠海，风摇尽扫俗尘忧。"登上山巅，一览众山小，远处阡陌纵横的长田，星罗棋布的湖水，炊烟袅袅的村庄房舍尽收眼底，一派雄奇伟峻、宽旷绝奇的景色。

2. 深厚的历史文化底蕴

九峰山引来许多文人雅士到此隐居讲学，名仙到此修道炼丹。晋代道家创始人、炼丹名家葛洪，得道成仙，并著《神仙传》，至今丹灶依然；南齐徐伯珍"讲学九峰，授徒千人"；唐吏部尚书徐安贞弃官隐居于此，山下建有"安正书堂"；五代名僧贯休曾为九峰禅寺主持；明代太常卿鸿胪寺卿胡森，自号"九峰"，留下许多石刻真迹。因此，《汤溪县志》云："自来贤士大夫，春秋佳日，偶事游观之乐，必于九峰。"

3. 九峰禅寺等佛教建筑

自古名山多僧居，九峰山有大雄宝殿、胡公殿、钟鼓楼、观音阁、天王庙等建筑和佛像百余尊。常见到方圆几百里的游人香客慕名而来，传说农历八月初一到九峰游览，能见天门洞开。九峰禅寺建于南朝天监年间，已有1500余年，依山傍洞，不施椽瓦而风雨莫及，巍然耸立。

4. 深潭湖泊

九峰山不仅有险峻的山峰，奇异的怪石，更有平如镜、水如银的深潭湖泊。龙潭夹峙在群山之中，涓涓泉水流，阵阵涟漪欢，似绿色林海中镶嵌着一块温润的碧玉。龙潭水深不可测，龙吟瀑如少女飘然而下的秀发。

（二）精神要素

1. 志向高洁的隐士心性

西汉末年的龙丘苌是儒学教育的热心人。他以志向高洁、学识渊博知名于世，却隐居在九峰山，屡次拒绝太师、太傅、国师、国将等高官的征召，而乐意当一名府衙的"仪曹祭酒"。龙丘苌的事迹深深感动300多年后也曾多次辞官的陶渊明。

2. 崇文重教的实践精神

与陶渊明同时代的徐伯珍是位儒学教育的实践者。他博通经史，家境贫寒，常以竹叶当纸学书，却在九峰山隐居不仕，潜心讲学，授徒千人，使九峰山成了最早的儒学中心。儒士们由此对九峰山别有一份情感。唐玄宗时的徐安贞，自幼就读于九峰山，以后中了进士，当了几年大官，却又回到九峰山隐居，建了个"安正书堂"，专心于做学问。后人在九峰禅寺里建了个"三贤堂"，将龙丘苌、徐伯珍、徐安贞作为神明供奉。

（三）语言和象征符号

1.达摩禅坐与圆寂传说

达摩始祖在九峰山留下了大量生活的印记。九峰山因达摩在此生活多年，被称为达摩峰；嵩山有一个达摩洞，是达摩生活过的实证。九峰山也有一个达摩洞，洞内现存仙床、仙桌，传说达摩曾在此生活；康熙《汤溪县志》记载：梁天监间，达摩曾为离九峰山不远的证果寺奠基；另外，当地传说，达摩在九峰仙洞内禅坐七七四十九天而圆寂，时间是公元566年。达摩圆寂后，其弟子按当地最高规格"悬棺葬"的形式，将其棺木安放在九峰禅寺前最高处的岩洞内。洞口有一对天然形成的岩石神兔、神龟把守。这神兔、神龟至今仍在。民国版《汤溪县志》记载，梁天监年间，嵩山少林寺卓锡为九峰禅寺住持。这与达摩为证果寺开基是同一时间段。少林寺不可能同时有两个大和尚来九峰禅寺，而且僧人名录中并无卓锡其人。所谓卓锡，其实就是达摩。

2.葛洪得道升天传说

葛洪是道教的重量级人物。他继承并改造了早期道教的神仙理论。在所著的《抱朴子·内篇》中，不仅全面总结了晋以前的神仙理论，并系统地总结了神仙方术，包括守一、行气、导引和房中术等；同时又将神仙方术与儒家的纲常名教相结合，强调"欲求仙者，当以忠孝、和顺、仁信为本。若德行不修，而但务方术，皆不得长生也"。他把这种纲常理论与道教的戒、律融为一体，要求信徒严格遵守。在道教界，葛洪与张道陵、许逊、丘处机同被誉为"护卫玉帝灵霄宝殿的四大天师"。这么一位道教领袖级的要员，据传是在九峰山修炼得道而后升天，完成由人变仙的进化过程的。当年他在九峰山岩洞里炼丹用的灶炕虽然已被岁月埋没，但岩壁、岩顶上炼丹时留下的烟熏火燎的痕迹却依然清晰可见。民国版《汤溪县志》载："葛洪得道后游九峰炼丹于岩洞，常采药往来兰溪诸山，虎豹遇之驯服。后人名其所经处为葛公岭。"华夏名神黄大仙，在金华山隐居修炼期间，也经常赴九峰山采药、游览、服食松脂茯苓。得道升天后，被玉帝封为养素净正真人。

3. 龙丘苌、徐伯珍、陶渊明隐居故事

除了龙丘苌、徐伯珍，据传陶渊明也曾经隐居在九峰山。《浔阳陶氏宗谱》中说，陶渊明在外出游览时，专程赴九峰山拜谒龙丘苌遗迹。一到九峰山，他面对撼人心魂的明山秀水惊呆了，叹曰："吾安得至此而居，旷人心目，以足养老！"他随后就携眷属居于九峰山之麓。因这里地属浙之东阳，便号东阳隐士。古时的九峰山"有桃树，其实甚甘，非山中自有，莫知谁植。"有学者对陶氏宗谱、陶渊明本人诗词和地方史料等考证后认为：陶渊明流芳百世的成名之作《桃花源记》，就是在九峰山麓写就的。

4. 独特的"九峰"山体形态

九峰山在浙江金华经济开发区境内，距金华市中心约28千米。据《后汉书·地理志》载：九峰山岩洞嶙峋，

丹崖叠翠，怪石狰狞，因有达摩峰、葛坞峰、马钟峰等九个各具特色的奇异山峰而得名。九峰远望如芙蓉九朵，森然千丈，高耸入云；近视则如蜂巢相拥，连绵起伏，巍峨壮观。山之腰，一瀑布从天而降，如银蛇出洞，似串钱散珠；更有竹林苍翠，碧绿如洗，连空气中也弥漫着幽篁的清香。

二、核心基因提取与评价

基于对材料的全面、深入分析，可将本文化元素的核心基因表述为"达摩禅坐与圆寂传说""葛洪得道升天传说""龙丘苌、徐伯珍、陶渊明隐居故事"。

九峰山故事核心文化基因评价依据

评价项目	评价因子	评价依据（特点）	是否
生命力评价	文化基因存续的时间	自出现起延续至今，未曾明显中断	√
		自出现起延续至今，但多次衰微、中断后复兴	
		曾明显衰败，改革开放后开始复兴或历史溯源关键环节缺失，难以考证	
		文化形态主体已灭失，现存部分痕迹	
	文化基因的稳定性	在发展过程中保持相当稳定的状态	√
		在发展过程中存在明显的精神内涵、表现形式剧变	
凝聚力评价	文化基因的凝聚力及社会动员效果	曾广泛凝聚起区域群体的力量，显著推动过社会经济文化的发展	√
		曾部分凝聚起区域群体力量，对社会经济文化的发展产生过影响	
		凝聚过力量，创造过实际的发展动能，但未见对社会经济文化发展产生显著改变	
		仅在历史文献或口耳相传中存在，未见实际介入社会经济发展	

续表

评价项目	评价因子	评价依据（特点）	是否
影响力评价	辐射的范围	具有全国性、世界性的影响力	
		具有长三角区域、浙江省影响力	
		具有市县、乡镇影响力	√
	提炼的高度	已经被古代文人士大夫和当代学者提炼为精神符号和理念理论	√
		单纯的样式、造型、工艺技术规范	
发展力评价	与当代精神追求和价值观念的契合	传统文化基因得到创造性转化、创新性发展；区域革命文化基因被完整继承、广泛弘扬；区域社会主义先进文化基因成为与浙江"三个地"相适应的文化高地	√
		部分转化、部分弘扬、部分发展	
		难以转化、难以弘扬、难以发展	

说明：基因特点评价是对解码出来的基因，根据本《导则》表2的要求，围绕"四个力"逐一对表打"√"，进行定性表述

（一）生命力评价

明成化七年（1471），明王朝分金华、兰溪、龙游、遂昌建汤溪县，见《明史》志第二十，地理五"汤溪府西南，成化七年正月析兰溪、金华、龙游、遂昌四县地置，南有银岭，西北有毂江（即衢江）"。其中龙游部分包括龙丘山，从此九峰岩便一直为汤溪县所辖，之后又作为汤溪镇的一部分划到金华县（今婺城区）。九峰山的相关历史、神话传说就在汤溪镇地界广泛传播，逐渐积淀为九峰山故事。

（二）凝聚力评价

九峰山有大量建筑和佛像百余尊，每年农历八月初一，九峰禅寺的香客从四面八方云集而来，香火鼎盛。九峰内，钟乳

石高达数十米，雄、奇、幽、美，像银子又似钻石，晶莹剔透、洁白无瑕。置身溶洞如置身琳宫，满目琳琅，宝光争辉。九峰山东南侧有石磨，北侧有大柜，西侧有石壶，均为天作之成，龟守大门如入云中之路，神龟守卫着凡人向往升天之门。点将台记叙着北宋侍郎胡则出征点将的故事。仙椅置于悬崖峭壁间，千百年而不朽。九峰山文化在传播过程中保持着强大的生命力，在金华乃至国内各地区形成了巨大的影响力。

（三）影响力评价

九峰山自然景观优美，人文景观丰富。山奇、石怪、水秀、洞幽、地野，而且寺庙、古建筑、遗址、古墓、石刻、神话传说丰富。九峰山现有自然、人文景物景观 80 多处，相互辉映，融为一体，在金华地区乃至浙江省内各地都具有较大的影响力，其文化内涵已经被古代文人士大夫和当代学者提炼为精神符号和理念理论。

（四）发展力评价

九峰山自然景观优美，人文景观丰富，如今，开发区在新旅游规划中更多地与金西旅游总体规划和土地利用规划相结合，以"原地形设计，原生态开发"为原则，做到市场性与宗教性的完美融合，并进一步提炼项目特色，妥善处理与九峰温泉、九峰水上乐园、养生基地以及周边乡村旅游综合开发的关系，让旅游产业和谐发展。

三、核心基因保存

"达摩禅坐与圆寂传说""葛洪得道升天传说""龙丘苌、徐伯珍、陶渊明隐居故事"作为九峰山故事的核心基因，资料保存情况如下：

文字、图片、视频资料保存于浙江省"文化基因解码工程"管理信息系统金华经济技术开发区管理委员会资料库。

陈双田故事

八婺菁华　金华经济开发区文化基因

陈双田故事

　　陈双田，浙江省著名农业劳动模范，全国农业劳动模范，一届、三届、四届全国人大代表，中共十一大代表，曾多次见过毛主席，并出访过苏联和朝鲜。毛主席于 1963 年在一个重要批示中，热忱地赞扬他的先进事迹。

　　陈双田于 1916 年 2 月出生于原汤溪县城关乡汤溪村，父亲是赤贫如洗的挑夫。陈双田不满 9 岁时就当了财主家的小牛倌，开始了小长工的血泪生涯。有一次上山放牛，他从山上摔下摔成重伤，财主不但不给治疗，还逼他继续干活，结果使他落下终生驼背的毛病。21岁以后的7年时间里，他被抓了8次壮丁，却每次都因驼背被当作"废人"放了回来，吃尽了苦头。1949年5月7日，汤溪县解放。出了苦海的陈双田当了村农会生产委员，不久又当了主任，在县委工作组的指导下，陈双田积极发动群众严惩了当地的恶霸。

1949年12月30日，他光荣地参加了中国共产党。接着，他带领群众垦荒，闹土改，分田分地。1950年9月，陈双田去北京参加全国工农兵劳动模范代表会议，见到了毛主席。从北京回来以后，陈双田根据当地农村的实际情况并结合大多数农民的意愿，于1951年初成立了全县第一个互助组——陈双田互助组。1952年2月，省里召开劳动模范代表大会，陈双田参加了。会上，陈双田互助组被评为省一等模范互助组。同年春天，陈双田互助组转为初级农业生产合作社，入社自愿，退社自由，之后初级社不断壮大。1954年，陈双田担任了汤溪村党支部书记，同年9月，当选为全国一届人大代表。年底，陈双田初级社转为先锋高级社。1956年下半年，县里送陈双田到衢县速成学校学习文化，圆了陈双田的读书梦。

后来，陈双田还担任了汤溪大队党支部书记，并于1975年10月当选为金华县委副书记。他扎根在汤溪大队，埋头于西门畈的园田化工程。此后，陈双田认真学习党在新时期的路线方针政策，汤溪大队在全县率先推行联产承包责任制。1978年，陈双田当选为党的十一大代表。1980年，陈双田退休后，热情支持汤溪村新领导班子的工作，依然关心村集体，精心管理村里的一大片桔林。1989年，他作为特邀代表参加了全国劳动模范和先进工作者表彰大会。国务院的一位领导紧紧握着他的手说："我很早就知道你，陈双田同志。"

一、要素分解

（一）物质要素

陈双田纪念馆

　　陈双田纪念馆位于汤溪镇城隍庙内，占地 200 平方米。由婺城区纪委拨付资金 5 万多元，于 2011 年开始筹备，2012 年建成投入使用。馆内收集了陈双田的珍贵照片，记录了陈双田生前的重要事迹，陈列了陈双田生前所使用过的物品。特别值得一提的是当年陈双田赴苏联参观的时候，斯大林送给陈双田的呢大衣也在其中。2013 年两区合并后，陈双田纪念馆被金华经济技术开发区设为廉政文化教育学习基地，用于传播全国劳动模范陈双田的精神和品质、开展群众路线教育实践活动。

（二）精神要素
1.敢为人先，竭心尽力的实干精神

1952年，陈双田通过两次蹲点"落后队"，在全村掀起了改田造地的热潮。几年后，由于水田面积不断扩大，农田自流灌溉成了一个棘手的难题。见此情形，陈双田急得像热锅上的蚂蚁，起早摸黑，勘踏地形，寻求引水之路。经过数十天的不懈努力，一个造渠引库水的方案在他的头脑中形成。针对部分干部的畏难情绪，陈双田在大队会议上说："筑五里多长的渠坝，工程确实不小，但是人心齐，泰山移，只要大家下定决心，没有做不成的

事！"统一了干部思想后，陈双田便带领党员干部动员群众，组织测绘，商定施工方案。1962年冬，引水工程破土动工，三年后，这座横贯村南村北，名为"高渠道"的水利工程赫然矗立在汤溪村的这片黄土地上。引水工程彻底解决了灌溉难的问题，全村农业经济大幅增长。

改造西门畈是另一桩被汤溪村人津津乐道之事。当时，为了发展村里的农业生产、确保社员群众的温饱，陈双田一次次深入田头，一夜夜苦思冥想，制订出了一个改造西门畈，使西门畈真正成为汤溪村的"米粮仓"的计划。这一设想得到多数大队干部的赞同和社员群众的支持。1973年春，陈双田大胆起用一名离职回乡的测绘人员组建测量队，并亲自带队对西门畈的水系、田块、道路、桥梁等进行勘测，随后发动群众实施改田挖渠工程。经过三个冬春的奋战，建成了一条宽3米、长2500米的浆砌排水中心渠，原先的冷水田、烂糊田成了排灌自如的旱涝保收田，平均亩产翻了一番。"田成方、路成行、渠成网"的西门畈成了后来农村园田化改造的"样板畈"。

1980年10月，陈双田光荣退休，但他退而不休，发挥余热为村里服务。当村里决定规划开发东南山背，而位于规划区内的部分群众有抵触情绪时，陈双田不辞辛劳，挨家挨户地做思想工作，"老书记"的真情赢得干部群众的理解和支持。现在，东南山背290亩的黄土山已遍地是柑桔和黄桃，成了全村的"致富地"。而当村里欲筹建东北山背砖瓦厂时，陈双田又不顾年迈，与村干部一起远赴沈阳、北京等地聘请技术人员、购买机器设备，并和大家一块上工地。经过五个月的苦战，砖瓦厂建成投产。

2. 不忘初心，永葆本色的赤子情怀

"不劳动，还叫什么劳动模范？我永远是个农民，劳动是我的本色！"这是陈双田时常说的一句话，而他也正是这样做的。有一次，陈双田到县城参加会议，会议一结束，他就急匆匆地来到汽车站，打算赶回去参加下午的劳动。但此时中午时段的最后一班车已开走了。为了能在下午出工前赶回村里，陈双田一路小跑到火车站乘车。因汤溪无站点，他只好在蒋堂站下车，再步行回村。走了十多里路的他，一到家便背上锄头与社员们出工。

1975年10月，陈双田被任命为金华县委副书记。地位变了，身份变了，但他坚持劳动的本色却丝毫没有变。每次放假回来，他第一件事就是脱掉鞋袜参加队里劳动。对此，生产队要给他记工分，但每次都被他拒绝了，他说："我每月有工资交村里，已记满勤，休息日下田是义务劳动，还记什么工分？"这时也有人劝他："你已经是县里领导了，身体也不是很好，还是歇歇吧。"可他总是说："我永远是个农民，劳动是我的本色！"

他虽是县委副书记，但他的办公室就在田间，办公用品是锄头和扁担，

村里哪里有问题他就身背挎包出现在哪里，这就是这位"赤脚书记"的本色。工资是个人的劳动报酬，但时任县委副书记的陈双田却每月拿出部分工资交到村里换记劳动工分，用他自己的话说："我还是个社员，哪有社员不记工分的？再说，村里有外出经商、做手艺等要交钱买工分的制度，我应带头执行。"就这样，陈双田坚持拿出工资按时交给集体，以一名普通社员的身份记取工分，直到粮户关系转出为止。

3. 清廉正直、严以律己的干部操守

关于清廉，陈双田有他自己的说法："不该要的东西不在多少，今天要一点，明天收一点，堆积起来问题就大了。"担任县委副书记后，县里按规定配发煤气给他，但被他谢绝了。"我家在农村，附近山上枝枝叶叶很多，家里烧火可叫老太婆扒点回来。"

陈双田这样对后勤干部说。1995年，陈双田年事已高，家人让本村的一位木匠师傅做一对沙发。沙发送来后，陈双田把120块钱递给木匠师傅。这位木匠师傅因平日十分敬重他而不肯收钱，但陈双田并不"领情"，并严肃地对他说："我问你，假如你以后当上了村干部，或是走上工作岗位，也可以随便收别人的小东西吗？"如今，这位木匠师傅已成了村里的主要干部，这件事一直铭刻在他的心里。陈双田在严以律己的同时，还严格要求家人不忘劳动，不沾恶习。每到"双抢"农忙，陈双田就要求儿子和女儿回生产队参加抢收抢种，他总说："我与土地打了一辈子交道，虽然你们现在很忙，但绝不能忘了劳动。"在对三个子女的上学、就业等个人问题上，陈双田从未要求组织给予特殊照顾或利用自己的身份、荣誉为其谋取优越的岗位。

（三）语言和象征符号

1. "五九批示"与《怎样才能更多地参加劳动》

1963年的4月，中共浙江省委办公厅编印了《一批干部参加劳动的材料》，其中包含了中共金华县汤溪公社汤溪大队支部书记、劳模陈双田访问记《怎样才能更多地参加劳动》一文，呈送给正在杭州主持会议的毛泽东主席审阅。毛主席十分重视，在审阅后将题目改为《浙江省七个关于干部参加劳动的好材料》印发全国，并于5月9日写下了1300多字的长篇批语，史称"五九批示"。

毛泽东主席在批示中指出："干部和群众一道参加生产劳动和科学实验，使我们的党进一步成为更加光荣、更加伟大、更加正确的党，使我们的干部成为既懂政治、又懂业务、又红又专、不是浮在上面、做官当老爷、脱离群众，而是同群众打成一片、受群众拥护的真正好干部。"

2. "赤脚书记"形象

1975年10月，陈双田被任命为中共金华县委副书记，其间仍然兼任村党支部书记。他认为，地位变了本色不能变。他不习惯坐办公室，他的办公室就在田间，办公用品仍然是锄头和扁担，村里哪里有问题他就身背挎包满头大汗出现在哪里，一边帮着锄地，一边了解情况，从不忘劳动本色，被老百姓亲切地称为"赤脚书记"。

二、核心基因提取与评价

基于对材料的全面、深入分析，可将本文化元素的核心基因表述为"敢为人先，竭心尽力的实干精神""不忘初心，永葆本色的赤子情怀""清廉正直、严以律己的干部操守"。

陈双田故事核心文化基因评价依据

评价项目	评价因子	评价依据（特点）	是否
生命力评价	文化基因存续的时间	自出现起延续至今，未曾明显中断	√
		自出现起延续至今，但多次衰微、中断后复兴	
		曾明显衰败，改革开放后开始复兴或历史溯源关键环节缺失，难以考证	
		文化形态主体已灭失，现存部分痕迹	
	文化基因的稳定性	在发展过程中保持相当稳定的状态	√
		在发展过程中存在明显的精神内涵、表现形式剧变	
凝聚力评价	文化基因的凝聚力及社会动员效果	曾广泛凝聚起区域群体的力量，显著推动过社会经济文化的发展	√
		曾部分凝聚起区域群体力量，对社会经济文化的发展产生过影响	
		凝聚过力量，创造过实际的发展动能，但未见对社会经济文化发展产生显著改变	
		仅在历史文献或口耳相传中存在，未见实际介入社会经济发展	

评价项目	评价因子	评价依据（特点）	是否
影响力评价	辐射的范围	具有全国性、世界性的影响力	√
		具有长三角区域、浙江省影响力	
		具有市县、乡镇影响力	
	提炼的高度	已经被古代文人士大夫和当代学者提炼为精神符号和理念理论	√
		单纯的样式、造型、工艺技术规范	
发展力评价	与当代精神追求和价值观念的契合	传统文化基因得到创造性转化、创新性发展；区域革命文化基因被完整继承、广泛弘扬；区域社会主义先进文化基因成为与浙江"三个地"相适应的文化高地	√
		部分转化、部分弘扬、部分发展	
		难以转化、难以弘扬、难以发展	

说明：基因特点评价是对解码出来的基因，根据本《导则》表2的要求，围绕"四个力"逐一对表打"√"，进行定性表述

（一）生命力评价

陈双田自始至终保持着农民本色，锄头蓑衣是他一生最亲密的"伙伴"。作为一名光荣的共产党员，他始终如一秉持着"务实干事、一心为民"的理想信念；他是老百姓心中的赤脚书记，时刻诠释着"攻坚克难、艰苦创业"的担当精神；作为金华优秀基层干部的一个缩影，他展现着"拼搏实干、共建图强"的金华精神，其精神力量具有强大的生命力。

（二）凝聚力评价

陈双田曾任村党支部书记，他带领群众兴修水利，把旱地改造为水田，使亩产增加了三倍。他和群众一起开垦黄土丘陵，栽种苗木、蔬菜和各种农作物，既绿化荒山，又解决了农民的

基本生活问题，深受大家的爱戴。他倡导的"路成行、田成方"理念后来在农村被广泛推广，沿用至今。他还提倡大家科学种田，并在自己的试验田开展各种新品种试验：对比试验、密植试验、水稻三熟试验……从办互助组、合作社直到新时期推行家庭联产承包责任制，陈双田都坚信，老百姓吃饱饭是硬道理。因此，回顾历史，陈双田曾广泛凝聚起区域群体的力量，显著推动过社会经济文化的发展。

（三）影响力评价

陈双田曾赴北京参加全国工农兵英模代表大会，是一届、二届、四届全国人大代表。1963年，毛主席曾在一个重要批示中，赞扬他的先进事迹。他曾13次进北京，8次受到毛主席的接见。陈双田的童年和少年是苦难的，他做过长工、木工、手拉车工等。新中国成立初期，他站在了农村土地改革的最前沿，率先建立了汤溪县第一个互助组和第一个农业生产合作社，并曾代表中国农民赴苏联参观集体农庄，受到了斯大林的接见和嘉奖。他还参加过中国人民第三届赴朝鲜慰问团慰问中国人民志愿军。20世纪50—60年代，陈双田的名字可谓家喻户晓，具有全国性的影响力。

（四）发展力评价

1975年10月，陈双田被任命为中共金华县委副书记，期间仍然兼任村党支部书记。他认为，地位变了本色不能变。他不习惯坐办公室，他的办公室就在田间，办公用品仍然是锄头和扁担，村里哪里有问题他就身背挎包满头大汗出现在哪里，一边帮着锄地，一边了解情况，从不忘劳动本色，被老百姓亲切地称为"赤脚书记"。1978年，他当选为中共"十一大"代表。1989年国庆期间，他再一次出席全国劳模先进表彰大会。陈双田的精神品质、人格力量在当代具有深厚的传承价值和意义，作为区域社会主义先进文化基因，已经成为与浙江"三个地"相适应的文化高地。

三、核心基因保存

　　"敢为人先，竭心尽力的实干精神""不忘初心，永葆本色的赤子情怀""清廉正直、严以律己的干部操守"作为陈双田故事的核心基因，资料保存情况如下：

　　文字、图片、视频资料保存于浙江省"文化基因解码工程"管理信息系统金华经济技术开发区管理委员会资料库。

汤溪方言（山歌）

八婺菁华　金华经济开发区文化基因

汤溪方言（山歌）

（一）、汤溪方言

汤溪自明成化七年（1471）置县，至1958年撤县，历477年，形成了一种独具特色的方言，当地人称之为"汤溪方言"。除了汤溪方言以外，南部边缘山区还有一些外地方言区域，例如塔石乡的珊瑚、大茗、交椅山、白岩、金牛山、坟岩等村内部说客家话，银岭村内部说吴语兰溪话，这几个村的人都会说汤溪方言，有的人还会说遂昌话。此外，南部山区的畲族村落内部说畲语，对外说汤溪方言。

汤溪方言以旧汤溪县城汤溪镇的方言为代表。汤溪方言内部存在不少差异,例如汤溪、中戴、莘畈、罗埠、琅琊等地的口音各不相同,这可能跟各地原先所属的县有关,但各地之间可以互相用方言沟通。

在汤溪方言的边缘地带,当地的汤溪方言跟邻县的方言之间有一些相近之处,然而就整体而言,汤溪方言跟它周围的金华话、兰溪话、龙游话、遂昌话均相差甚远,其中跟遂昌话的差别最大。一个从未或很少接触过邻县方言的普通汤溪人,到相邻的非汤溪方言区去,基本上无法用方言沟通。如果这个人与外界的接触比较多并且有一定的文化水平,他听金华、兰溪、龙游方言勉强能听懂一半左右,遂昌话则完全听不懂。而一个同样情况的邻县人,听汤溪方言大概只能听懂百分之二三十甚至更少。至于其他地方的人,听汤溪方言就完全听不懂了。汤溪方言与金华话的主要差别,可以参看曹志耘《金华方言词典》第4页(江苏教育出版社,1996年)。

最近几十年来,随着文化教育的普及、大众传媒的影响、交通条件的改善以及经济的发展,汤溪方言也发生了不少变化,这种变化主要体现在文字读音和新词语的增多上。

2015年,教育部、国家语委启动中国语言资源保护工程,首席专家为汤溪人曹志耘教授。这是继1956年开展全国汉语方言和少数民族语言普查以来,我国语言文字领域又一个由政府组织实施的大型语言文化类工程。浙江是全国4个试点省市之一,总共88个方言调查点,其中金华有10个,汤溪为浙江省汉语方言第5批调查点之一。

(二)汤溪民歌

在汤溪,文化艺术中最灿烂的莫过于厚重的方言民歌。粗旷而不失清幽,爽朗而充满哀怨的汤溪方言民歌,以其独特的旋律和质朴,让每一个汤溪游子神牵梦萦,也成了姑蔑古文化中的独特标志。

用汤溪方言演唱的民歌,绵长的

曲调中拥有一种令人神心交融的震撼。汤溪方言俨然是一种古老的语言。这些被称之为姑篾古语的语系，声调浑重、生涩，发音与物体本意毫无关联，让外人无法理解。后来，当地媒体曾以《张广天与汤溪〈婆婆〉》《汤溪话的叙事和抒情》《姑篾古语和汤溪方言》等为题，介绍和推崇了汤溪方言歌谣的独特魅力。而汤溪方言民歌《老老嬷》在网上公布后，也再一次得到了媒体第一时间的关注。

一、要素分解

（一）物质要素
三府四县交汇的地理环境

　　旧汤溪县由婺州、衢州、处州三府的金华、兰溪、龙游、遂昌四县边陲之地组合而成，汤溪方言应当是四县方言长期接触融合的结果。由于婺州、衢州、处州三府的方言各具特色，差异甚大，而汤溪正好处于三府的交界地带，可以推想三府四县方言在汤溪这块土地上的碰撞曾经是相当剧烈的。正因经过了长达 500 多年的剧烈碰撞和协调，今天的汤溪方言才发展演变为浙江西南地区的一种独特的方言。

（二）精神要素

1.民众对美好幸福生活的向往之情

汤溪民歌在创作手法上，传承了古代乐府诗词的特点，大部分都集中反映了古代汤溪劳动人民凄苦的生活，以及他们对美好生活的渴望和向往。这是发自内心的反抗，也是普通劳苦大众最真实的声音。比如，《帮侬歌》描述了古代贫苦佃农去财主家帮工的苦难生活，表达了对苦难佃农深深的同情心理："帮人侬，不算侬，十六叔，去帮侬，一头破被絮，一头破靴筒，碰到一阵鬼头风，粗布衣裤吹起一个大破洞，一双大腿冻得紫冬冬，问你东家嬷嬷讨个火钵来烘烘。尔啥侬，我啥侬，咣（怕）热咣（怕）冷怎好来帮侬……""一碗生菜半蜿虫，一碗豇豆像蛔虫，一碗辣椒翘天宫，一碗落苏（茄子）像死侬，一碗白腐酒，半碗倒笃虫，不吃亦气侬，吃吃亦胀侬……" 这些朴实直白的词语，把地主老财吝啬、刻薄，不把佃农当人看的情景真实地反映出来，民歌中也对财主的残忍表达得淋漓尽致，体现了创作者对强权欺凌的悲愤之情。这种同情弱者受苦遭难、鄙视财主为富不仁的感情色彩，在汤溪民歌中也得到了尽情的体现。

2.青年男女自由爱情的理想

在汤溪民歌中，也有相当数量的曲调都表现了青年男女互相爱慕之情，充分表现了劳动人民纯朴健康的恋爱观和审美情操。有的情歌也表现了对封建礼教的蔑视和反抗，且在汤溪民歌中有着较重的份量。

古时汤溪有一对夫妻，恩爱有加，不料妻子新婚不久便落病而亡，留下丈夫苦度年华。妻子的妹妹敬重姐夫为人忠厚，经常去姐姐家帮忙料理家务，日久生情，便有心想嫁到姐夫家做填房，又怕邻里亲朋间的闲言碎语，不敢大胆追求自己的爱情。然而情感的火焰一旦燃烧后，必然也势不可挡。后来，两人经过努力，还是冲破了重重阻碍走到了一起。《小姨嫁姐夫》的故事在民歌中也得到了尽情的体现："日头落山紫竹林，三百馒头四百饼，撑排过海朦（看）丈银（岳父），丈银丈姆勿家里，带便朦小姨。小姨听见姐夫声气响，三步楼梯并两脚，双手接雨伞，双脚过门槛……"。这些优美抒情的描写，充分表达了人们对爱情的热烈相求和渴望。

（三）语言和象征符号

1. 声母韵母

汤溪方言有 27 个声母（不包括零声母）、有 55 个韵母（包括自成音节的 [m, ŋ̍]，不包括儿化韵），其中有 4 个文读专用韵母，5 个象声词和感叹词专用韵母，1 个合音字韵母。

汤溪方言最大的特点是古阳声韵、入声韵字全读如阴声韵，即所有韵摄均彻底丢失了鼻音韵尾（连鼻化音也没有）和塞音韵尾（在连读中也没有）。在汤溪方言中，除了表示小称的儿化音和少量文读音、象声词的韵母带鼻音韵尾 [ŋ]（以及辅音自成音节的韵母）以外，一般韵母都没有辅音韵尾，全由元音构成。这种现象在所有汉语方言中都是罕见的。另外，汤溪方言中古浊入字归阳上调，古清入字长调化，即失去入声"短促"的特征（无喉塞音韵尾），读作像舒声韵一样的长调，但未与其他舒声调合并。

2. 儿化韵和声调

汤溪方言的儿化韵的类型是鼻尾型。汤溪方言"儿"字单读 / ŋ̍ /，[ŋ] 附到本音韵母的末尾充当韵尾，本韵的元音或发生细微的变化。汤溪方言的儿化韵共有 30 个，可变为儿化韵的本韵共有 41 个。儿化韵中除了 [aŋ][iaŋ][uaŋ] 又可为文读韵，[eŋ][oŋ][uŋ][iaoŋ][uaoŋ] 又可为象声词和感叹词韵母，[aoŋ] 又可为合音字韵母外，其余 21 个都是儿化词专用韵母。

汤溪方言有 7 个单字调（包括阴平、阳平、阴上、阳上、阴去、阳去，阴入，不包括轻声）。

3. 上古的越国口音

汤溪方言极为古朴，完全是上古的越国口音，有些歌谣如同非洲原始森林氏族部落的吟唱。有个汤溪童谣叫"jinzongbang"，没有什么具体意义，

其节奏、音调和语言发音都极为感官化，绝不像"教化"之地的产物。另外，汤溪方言很特别，比如讲被子叠得"四方叠整"；比如颜色，红冬冬、乌嘀嘀，有语音的节奏美感。汤溪人的口语，完全没有用书面汉字记录下来的可能，只能"翻译"出一个大概的意思。

4. 妙趣横生的汤溪俗语

汤溪方言古朴而丰富，其中一些广泛流行且定型的语言——俗语，尤为精练、精彩，妙趣横生。汤溪俗语喜欢用比喻，年轻的超过年长的，一代胜过一代，就说是"先出的眉毛不敌后出的须"，眉毛自幼就有但长得慢，胡须成人后才有，却长得快；大人被小孩子捉弄了，就说是"鹅让鸭子嗦（咬）去"。

汤溪人朴实好客、乐于助人，便有俗语讽刺有钱却不肯救急的人："你要向这个人借？他是个连'大手递给小手都不肯'的人，会借给你吗？"汤溪话把右手叫大手，左手叫小手，把吝啬的形象刻划得入木三分。

汤溪方言中带"吃"字的俗语不少，早年，汤溪人把生萝卜剥皮当水果吃，剥一点吃一点，有趣的汤溪人又把吃生萝卜与过日子联系在一起，想出了一句"吃寸剥寸"的俗语，形容过一天算一天，对未来生活没有规划。另外，汤溪有一条俗语叫"吃粽不解缚"，就是指讲话留一半或条理不清晰，让人一头雾水，也指办事不得要领。而"吃肉吃胛心，嫁老公嫁焦精"是专门讲给女性听的俗语，胛心肉是最好吃的，"焦精"是男人中最精明能干的，把嫁老公与吃胛心肉相连是一种俗趣。"吃千吃万，吃粥吃饭"表示吃过千样万样东西，最终还是吃粥吃饭来得落胃来得养身。

汤溪方言中有的俗语运用夸张的修辞手法增加语言的张力，如对架子很大的有钱人暴发户，说他们"衣衫角头会撞死人"，极为生动形象。"酱里生虫酱里死"是带有哲理的贬义俗语，意指迷恋得走火入魔，陷进泥潭不能自拔，连性命都搭上，妙然成趣。

有的汤溪俗语完全是从当地真实生活事件中来的，如"旺新周人起早五更"。据说早年蒋堂附近旺新周村有一对夫妻，丈夫是"懒虫"，让他干活，早上怕露水，日头出来后怕晒，晚上又说怕鬼，总之是不肯下田地干活。有一回，让老婆催得实在没办法了，他一大早天没亮就下地去化麦（播种麦子）。几天后他妻子到地头去看，别人家比他迟"化"的都出麦苗了，他家地里还毫无动静，他妻子扒开泥土一看，播下去的竟然是炒米。原来那天"懒虫"稀里糊涂把鬳里的炒米倒出来当麦种播到地里去了。这件可笑的事后来就传开了，传遍汤溪，于是就有了俗语——"旺新周人起早五更"，形容白忙，瞎干，无效劳动。

此外，日常生活中有趣的汤溪方言还有很多，如"和尚道士替鬼忙"、"看得吃不得""灰膛里烊蜡烛""翻草寻蛇""寻蜂找祸""上世吃饭，下世值日""吃到肚里，死到路里""有么凑仓，呒么凑肚""一行服一行，后生服小娘，麻糍服沙糖""杀鸡不放脚""猢狲口里脱不出一粒虱"等等。

5. 民歌《老老孃》

《老老孃》是一首描写乡村古老爱情故事的歌，歌词如下：那年你到山背，报她去去便来。她日日望着这条路，总看不见侬归来。那些时间，她一个囝，侬个后生；这些年过去，总说不来她憨盅（为什么），心里还有点怕，心里还有点怕。怕你侬回来变个老货，怕你侬回来还后生么俏。怕你侬回来看见个老孃，怕你回来一下便认出她。山背的藤梨熟了，树上的毛栗空了；溪滩里的水流空了多少，憨盅（为什么）还有鱼，憨盅（为什么）还有青蛙？……

二、核心基因提取与评价

基于对材料的全面、深入分析，可将本文化元素的核心基因表述为 "三府四县交汇的地理环境" "民众对美好幸福生活的向往之情" "上古的越国口音"。

汤溪方言（山歌）核心文化基因评价依据

评价项目	评价因子	评价依据（特点）	是否
生命力评价	文化基因存续的时间	自出现起延续至今，未曾明显中断	√
		自出现起延续至今，但多次衰微、中断后复兴	
		曾明显衰败，改革开放后开始复兴或历史溯源关键环节缺失，难以考证	
		文化形态主体已灭失，现存部分痕迹	
	文化基因的稳定性	在发展过程中保持相当稳定的状态	√
		在发展过程中存在明显的精神内涵、表现形式剧变	
凝聚力评价	文化基因的凝聚力及社会动员效果	曾广泛凝聚起区域群体的力量，显著推动过社会经济文化的发展	√
		曾部分凝聚起区域群体力量，对社会经济文化的发展产生过影响	
		凝聚过力量，创造过实际的发展动能，但未见对社会经济文化发展产生显著改变	
		仅在历史文献或口耳相传中存在，未见实际介入社会经济发展	

续表

评价项目	评价因子	评价依据（特点）	是否
影响力评价	辐射的范围	具有全国性、世界性的影响力	
		具有长三角区域、浙江省影响力	
		具有市县、乡镇影响力	√
	提炼的高度	已经被古代文人士大夫和当代学者提炼为精神符号和理念理论	√
		单纯的样式、造型、工艺技术规范	
发展力评价	与当代精神追求和价值观念的契合	传统文化基因得到创造性转化、创新性发展；区域革命文化基因被完整继承、广泛弘扬；区域社会主义先进文化基因成为与浙江"三个地"相适应的文化高地	√
		部分转化、部分弘扬、部分发展	
		难以转化、难以弘扬、难以发展	

说明：基因特点评价是对解码出来的基因，根据本《导则》表2的要求，围绕"四个力"逐一对表打"√"，进行定性表述。

（一）生命力评价

汤溪由于地处偏远，外来语种对地方方言侵蚀较少，语言交流的相对独立性和封闭性，使汤溪话保存了很多古朴的上古口音。同时，汤溪作为古姑蔑发源地，有着古越文化的遗存。相同的语言造就了相同的文化，人们在长期的生产劳动和情感生活中，自然而然就产生了非常丰富的民歌艺术。因此，在漫长历史积淀中萌生、发展的汤溪方言和山歌具有极强的生命力。

（二）凝聚力评价

汤溪是一个与2000多年前的姑蔑古国有着直接关系的古老集镇，原属古姑蔑国与古越国交界之地。几千年来的相同民俗、农耕、语言，使汤溪形成了相对统一的地域文化。明成化七年,因汤溪一带地处边缘,匪患不绝,整束困难,朝庭便割金、兰、遂三县荒蛮之地另立汤溪县治。从此,汤溪县民在这方土地上生生不息,孕育了灿烂的民间文化,其中语感厚重的汤溪方言民歌,便是最为独特的民间艺术瑰宝。汤溪话作为一种古老的语言,虽经数千年演变,但与周边语系毫不掺杂,自成一体。

(三)影响力评价

汤溪方言声调浑重、生涩,发音与物体本意毫无关联,让外人无法理解。然而在全国,使用汤溪方言的大约有20万左右人口,大部分集中在婺城西部汤溪、罗埠、洋埠、莘畈、塔石、岭上、蒋堂等地,琅琊、沙畈曾经也划归汤溪县属地,当地的语言便与汤溪有了相近之处。因此,汤溪方言、民歌具有市县、乡镇影响力。

(四)发展力评价

基于古越口音的汤溪方言组合而成的民歌,以特殊的方式吟唱,更给这一具有地域文化特征的文化产物赋予了更加强烈的艺术感染力。有了语言,就有了文化艺术。民歌是人类语言发展中的艺术升华,更是劳动人民在社会实践中口头创作的艺术瑰宝。民歌在流传过程中不断地经过集体的加工,这也是劳动人民集体智慧的结晶。而专业音乐艺术家张广天创作的汤溪方言民歌《老老嬷》,则是根据音乐专业艺术的创作要领,揉和汤溪方言中的地域文化元素,从而让这首普通的方言民歌唱响大江南北,也在姑篾文化中留下不可或缺的宝贵财富。在当地政府、学者、民间文化人的努力下,汤溪方言和山歌得到了创造性转化、创新性发展。

三、核心基因保存

　　"三府四县交汇的地理环境""民众对美好幸福生活的向往之情""上古的越国口音"作为汤溪方言（山歌）的核心基因，资料保存情况如下：

　　文字、图片、视频资料保存于浙江省"文化基因解码工程"管理信息系统金华经济技术开发区管理委员会资料库。

唐宅进士第

八婺菁华　金华经济开发区文化基因

唐宅进士第

　　唐仲友（1135—1216），字与政，号说斋，金华城区人。父尧封，南宋绍兴二年（1132）进士，官至殿中侍御史，以直言见称。仲友幼承家学。绍兴二十一年（1151）进士，后又中博学宏词科，任建康府通判，继试馆职，历秘书省正字、著作佐郎。隆兴初年，上书丞相张浚，献抗金三策：越淮而战为上策，沿淮而守为中策，夹淮而戍为下策。又上四府书，略言"今日之忧在和守难决。然无论和与守皆当熟察者，其患有四：眩于虚数以兵为足用，惑于闲言以敌为无能，财力绌而妄费，官爵滥而轻予"，被调任信州知州。乾道七年（1171），改任台州知州。任内，兴修学校，建中津桥，赈济饥民，兴利除弊，颇有政声，升任江西提点刑狱。尚未赴任，被人毁谤。朱熹借机以"促限催税、违法扰民、贪污淫虐、蓄养亡命、偷盗官钱、伪造官会"罪状弹劾仲友，仲友亦上疏自辩。王淮居间调停，事才平息。仲友改为主管建阳武夷山冲道观，开席授徒，学者云集，义乌傅寅、朱质，金华金式、叶秀发皆其知名弟子。仲友尚经制之学，治学不主一说，不苟同一人，但求经世致用，与吕祖谦、陈亮同为当时金华学派（婺学）的创始人。著作有《六经解》《九经发题》《经史难答》《愚书》《诸史精义》《帝王经世图谱》《天文地理详辩》《故

事备要》《词科杂录》《说斋文集》等。

在金华婺城区唐宅村仲友街22号有一座进士第，该建筑为2004年公布的金华市文物点。据中华民国二十八年重修的《唐氏宗谱》中获悉，唐宅为唐仲友后裔迁徙地，进士第应该是族人纪念祖先唐仲友、其父尧封、其兄仲温、仲义四人曾同登绍兴年进士所建，属于家族公共类的大厅建筑。家谱中记载了清道光九年（1829）重建的唐氏家庙"永桢堂"和民国十一年（1922）重建的宗祠"惇叙堂"，而"介政堂"，即进士第，在家谱中没有提及，但在《连九府君墓图》中标有"介宗堂"。因此，进士第至少是唐仲友作为金华名人唯一的历史纪念性建筑。

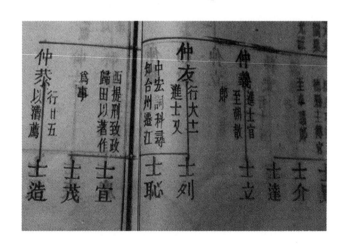

一、要素分解

（一）物质要素

1.宋室南渡，金华鼎盛的历史环境

南宋时期，王朝偏安杭州，给三百里外的"陪都"金华带来了前所未有的历史契机。这里商贸繁华，文教兴盛，讲学成风，特别是"金华学派"和"永康学派"组成的"南宋婺学"在全国名噪一时，逐使这座江南小城有了"小邹鲁"之雅号。两宋之际的金华孕育了大量名人，有宗泽、潘良贵、郑刚中、范浚、叶衡、王淮、唐仲友、吕祖谦、何基、王柏、金履祥等。

2.进士第建筑和雕刻

进士第坐西北朝东南，主体为前后三进，左右有部分附属院落，进士第第一进为两层单檐门厅，面阔三间，进深五檩，三柱落地，前檐用砖墙砌筑缝合，红砂石基础，在明间辟正门，石库大门，门脸用清水磨砖错缝砌筑，门额石雕字匾"进士第"，无落款，门枕石雕刻"琴棋书画"图案，五步台阶入内，后檐一楼明间敞开，次间做方形槛窗，二楼做一码三箭槅扇窗，檐下牛腿为撑栱式造型，骑门梁两端用雕刻卷草花卉图案的斗栱承托，内部楼栅大小交错布置，仅在中柱处用斗栱处理节点。

正厅为彻上露明造单层敞开式厅堂，面阔三间，进深七檩，地坪高出天井五步台阶，明、次间前均设踏跺，内部梁架为新制，其中明间两缝为抬梁式，五架梁对前后单步梁，次间山面为五柱落地的全穿斗结构，其牛腿做法同门厅，雀替雕刻梅兰竹菊和祥云图案。

左右厢房原本应各有五间，进深五檩，穿斗结构，上下设穿弄，朝东南山墙设偏门，做法与正门相似，门枕石雕鹿马等瑞兽形象。最后一进（有说为后扩建筑，但年代相仿）为七间重檐楼屋，进深七檩，正立面设板门与槛窗，牛腿造型同门厅，背立面砖墙缝合，每间上下层各开窗洞。

（二）精神要素

1. 具有历史的进步性和民主性的民本理念

唐仲友的哲学观是属于朴素唯物主义范畴，作为封建时代的文人具有"唯物"思想是难能可贵的。清代大学者黄宗羲说："唐说斋（唐仲友，号说斋）创为经制之学，茧丝牛毛，举三代委之刍狗，以求文武成康之心，而欲推行之于当世。"予以极高的评价。唐仲友主张"保其民""富其民"的民为本观点，认为"财尽则民散，力疲则民怨，武黩则民不堪，刑严则民

苟免。"大胆地提出"天下非一人之天下，乃天下人之天下"的口号，充分表现了他卓越的政治天才和深刻超前的洞察力。可以这样说，宋代之前像唐仲友这样具有历史的进步性和民主性的文人为数不多，他可与北宋提出"先天下之忧而忧，后天下之乐而乐"的范仲淹并驾齐驱，彪炳史册。

2. 力主抗金的爱国情怀和务实精神

唐仲友是一个力主抗金的爱国文人，隆兴初年（1163），29岁的唐仲友上书丞相张浚，献上抵御金兵的三大谋略：越淮而战；沿淮而守；夹江而戍。他又向宋孝宗上《四府书》："今日之忧在和守难决。然无论和与守皆当熟察者，其患有四：眩于虚数以兵为足用；惑于闲言以敌为无能；财力绌而妄费；官爵滥而轻予。"然而忠言逆耳，皇帝置若罔闻，将唐仲友调知信州。乾道七年（1171）改知台州。37岁的唐仲友十分务实，在台州为官期间，兴利除害，政绩斐然。朝廷提拔唐仲友为江西提点刑狱。

（三）制度要素

婺学之"经制之学"学派

1160 年，唐仲友中博学宏词科，任通判、试馆职后，历秘书省正字、著作佐郎。他的"经制之学"和吕祖谦兄弟的"性命之说"、陈亮的"事功之学"合称为金华学派。唐仲友比吕祖谦大两岁，他俩都是金华学派（又称"婺学"）的开创者。唐仲友的"经制之学"是据经传以明制度，注重经世致用，以求现实功效。这与永康陈亮和永嘉叶适的"救世济民"的"事功"哲学思想基本相同，因此唐仲友成为浙东学派的奠基人之一。

二、核心基因提取与评价

基于对材料的全面、深入分析，可将本文化元素的核心基因表述为"进士第建筑和雕刻""婺学之'经制之学'学派""具有历史的进步性和民主性的民本理念""力主抗金的爱国情怀和务实精神"。

唐宅进士第核心文化基因评价依据

评价项目	评价因子	评价依据（特点）	是否
生命力评价	文化基因存续的时间	自出现起延续至今，未曾明显中断	√
		自出现起延续至今，但多次衰微、中断后复兴	
		曾明显衰败，改革开放后开始复兴或历史溯源关键环节缺失，难以考证	
		文化形态主体已灭失，现存部分痕迹	
	文化基因的稳定性	在发展过程中保持相当稳定的状态	√
		在发展过程中存在明显的精神内涵、表现形式剧变	
凝聚力评价	文化基因的凝聚力及社会动员效果	曾广泛凝聚起区域群体的力量，显著推动过社会经济文化的发展	√
		曾部分凝聚起区域群体力量，对社会经济文化的发展产生过影响	
		凝聚过力量，创造过实际的发展动能，但未见对社会经济文化发展产生显著改变	
		仅在历史文献或口耳相传中存在，未见实际介入社会经济发展	

评价项目	评价因子	评价依据（特点）	是否
影响力评价	辐射的范围	具有全国性、世界性的影响力	
		具有长三角区域、浙江省影响力	
		具有市县、乡镇影响力	√
	提炼的高度	已经被古代文人士大夫和当代学者提炼为精神符号和理念理论	√
		单纯的样式、造型、工艺技术规范	
发展力评价	与当代精神追求和价值观念的契合	传统文化基因得到创造性转化、创新性发展；区域革命文化基因被完整继承、广泛弘扬；区域社会主义先进文化基因成为与浙江"三个地"相适应的文化高地	√
		部分转化、部分弘扬、部分发展	
		难以转化、难以弘扬、难以发展	

说明：基因特点评价是对解码出来的基因，根据本《导则》表2的要求，围绕"四个力"逐一对表打"√"，进行定性表述

（一）生命力评价

唐宅进士第坐北朝南，主体为前后三进，左右有附属院落。石库大门，门额石雕字匾"进士第"三字，隽秀遒劲，工整挺拔。门枕石雕刻琴棋书画图案，五步台阶入内。厅堂牛腿、梁、雀替雕刻梅兰竹菊和祥云精美图案。历经数百年的风风雨雨，"进士第"已风光不再，但仍能想象当年卓尔不群的堂皇风貌，呈现出强大的生命力。

（二）凝聚力评价

唐宅进士第是唐仲友后裔迁徙地，是族人为纪念唐仲友和其父尧封、其兄仲温、仲义四人先后登绍兴年间进士而建，属于公共祠堂类的建筑。父子四人考中进士，这在金华历史上绝无仅有，意义非凡。该建筑留存至今，呈现出唐仲友的学术思

想、人物历史，具有强大的精神文化凝聚力。

（三）影响力评价

从儒学发展史角度看，唐仲友有不少可以称道的学说思想，并在中国儒学史上具有一定历史地位的。全祖望将唐仲友所为经制之学与吕祖谦兄弟的性命之学、陈亮的事功之学相提并论，称："乾、淳之际，婺学最盛。"黄宗羲则谓仲友之书："虽不尽传，就其所传者窥之，当在艮斋、止斋之下，较之水心，则稍醇，其浅深盖如此。"

（四）发展力评价

与唐仲友息息相关的唐宅进士第，是唐仲友和其"经制之学"留给后人的无限话题，蕴含着深刻的哲理和文化底蕴。他在学术上"不专主一说"，熔铸经史，有许多经世致用的思想值得借鉴，比如"法、德、利并举""经史并重""学贵务实""益民利民恤民""因时立法""兵民互用""古为今用"等思想，都给后人带来启示。

三、核心基因保存

　　"进士第建筑和雕刻""婺学之'经制之学'学派""具有历史的进步性和民主性的民本理念""力主抗金的爱国情怀和务实精神"作为唐宅进士第的核心基因，资料保存情况如下：

　　文字、图片、视频资料保存于浙江省"文化基因解码工程"管理信息系统金华经济技术开发区管理委员会资料库。

抢头杵

八婺菁华　金华经济开发区文化基因

抢头杵

　　位于金华市汤溪镇的厚大村，历史悠久、环境优美。南有巍巍耸立的双峰山与九峰水库，森林茂盛、水源清澈、气候宜人；村东厚大溪环绕而过，细细谛听，水声重重叠叠；西有五代所建的古窑址，还有千奇百怪的九峰林立岩；北有一马平川上万亩的厚大畈粮田基地。这里人文底蕴深厚，有着不少美丽动人的传说，依托厚大的自然资源、人文文化，厚大村也成为了康养、旅游、观光休闲的圣地。"抢头杵"是厚大村民弘扬中华民族优秀传统文化、缅怀祖先、慎终追远的一项活动，更是厚大范姓后代对婚姻自由向往的一个缩影。这一活动在 2009 年就被列入浙江省非物质文化遗产名录。

"抢头杵"被记载于《汤溪县志》，是范氏家族于清明祭祖时召集外族适婚女子，为本族未婚子弟举行的选美相亲活动，始于南宋年间，直至清末民初从未间断。据厚大村范氏三十四代传人范益生介绍，"头杵"是村民将米、麦、豆、高粱、粟等五谷磨粉、拌和做成的面段，不咸不淡，似有古时生殖崇拜的意味。厚大范氏一系为当地名门望族，世代耕读传家，范氏子弟亦为邻村女子之良配。在清末民初范景坤祖宅，墙上裱有家中兄弟三人各式奖状，便有村民说起当年岭上姑娘嫁入这家，父母欣然，特备丰厚嫁妆，运送队伍绵延八华里。

厚大村清明祭祖时，想娶媳妇的家庭要用五谷粉做一个状似黄瓜的半成品，这就是头杵。做好后，要送到祠堂蒸熟，统一放在一个蒸笼里。祭祖时，邻村未婚的女子都装扮一新地来到祠堂，一人领取一只精致的竹篮，然后按照抽签得到的序号站在坟前。活动开始后，范姓未婚男青年们就跑到蒸笼前，从里面拿出一个头杵，放在自己心仪的女子的竹篮里，一次只能拿一根，可以往返多次，直至头杵拿完为止。女子得到的头杵越多，表明越受小伙子喜爱。最后，得到头杵最多的女子会获得范氏族人编织的柳条圈。如果女子对放头杵的小伙也有兴趣，那么，一桩姻缘就结成了。

旧制成礼俗，如今每年到清明，依然保留着"抢头杵"的传统。范氏未婚男青年都会到宗祠报名并验证为未婚者方可允许参与活动，为提升本族人口素质，范氏本族女子一律不许参加。待吉时，村民乐队开锣，范氏全体族人及女子亲眷从祠堂出发，挑着祭礼，穿行古宅老街，至范氏祖坟同行祭祀礼及"抢头杵"，以示神圣，村民随行观礼。从本族宗祠到太公祖坟，再到戏坛祖庙，为"抢头杵"活动的固定路线，且据范益生介绍，于古时泥土路时代，村中便铺有一条石子路联通三地，而这"三点一路"为厚大村范氏子弟眼中的圣地。

据"抢头杵"申报人范天行介绍，民国之后，厚大村"抢头杵"活动开始中断，甚至老一辈人都对这项活动不太了解。2008年非遗文化项目挖掘行动开始后，范天行开始寻找厚大"抢头杵"的相关史料并将申报非物质文化遗产，自此之后，这项活动才逐渐进入村民的视野。2009年，厚大范氏"抢头杵"活动被列入浙江省非物质文化遗产名录。因"抢头杵"活动兼具的文化及娱乐价值，以及其无可替代的地方特色，无疑为九峰山旅游资源的开发、生态旅游的保护注入了丰富的文化内涵。

在举行"枪头杵"活动期间，村民们也在活动中更深入更全面的了解了本村的传统文化。一些老人一边谈笑着一边回忆自己的昔日光景，他们还给这次活动取了一个贴切的名字——"爱情交流会"。在古代，男女嫁娶都要遵循"父母之名，媒妁之言"，而厚大村"抢头杵"则是冲破传统，为男女自由选择提供契机。

清明祭祀"枪头杵"是厚大村民间弘扬中华民族优秀传统文化、缅怀祖先、慎终追远的一项活动，更是厚大范姓后代所表现出的一种精神。它不仅真实地反映了金华历代劳动人民的生活和文化娱乐方式，更是金华社会文明变迁的民间写照。

一、要素分解

（一）物质要素

1. 源远流长的历史文化

"抢头杵"是金华汤溪范姓村民在清明祭祖时的一个十分奇特、有趣的民间活动。厚大"抢头杵"项目于 2009 年列入省第三批非物质文化遗产名录，抢头杵始于南宋末年，厚大范氏先祖世代耕读传家，长辈对儿孙媳妇的迎娶以贤孝为先，通过"抢头杵"的民俗活动为青年男女自由婚恋搭设平台，它以游戏为活动形式，以家庭婚姻为目的，使青年男女在互相交往的过程中互增了解，并在游戏中增加感情，互相表达爱慕之情。这个有趣的活动从南宋年间，一直到清末民初从未间断过。

2. 丰富有趣的内容

游戏由范姓未婚男青年家庭共同组织发起，邻村未婚女青年自愿参加，游戏地点选择在范姓的祖坟前举行，因此，除了游戏的娱乐性和表达方式的原始直白，更有着祖先见证的无比神圣。一开始，范姓未婚男青年家庭事先以五谷（米、麦、豆、高粱、粟）做成头杵若干，之后，前来参与游戏的邻村未婚女青年在祠堂管理员处领取花篮一个。一应准备停当，接下来就是投杵，未婚男青年将头杵投入自己钟情对象手中的花篮中，每次一枚，可反复投递，到了决胜的时刻，获得头杵最多的姑娘由范姓族中长辈戴上象征荣耀的花环，所有未婚女青年则可以在自己花篮里投过头杵的男青年中选择自己的意中人。鼓初起，鼓再起，直至过了三鼓，则鸣金，金亦三鸣。则继之以大乐祭祖，奏花头台。引赞者引主赞者到太公坟前上香，三叩首，敬酒。姑娘们持香到祖坟前许愿，大抵也不过是为自己找个好儿郎。小伙子们摆好"头杵"，持香到祖坟前祭祖，此后腰鼓队起舞，抢头杵活动一下子热闹起来，直到"花魁"现身，太公头给花魁佩戴柳条帽，发红包。算是给抢头杵的活动划一个圆满的句号。只不过这些男女青年是否就此定情，倒要看他们底下的心思。抢头杵的游戏，在以往是一种择偶的需求，在今日倒

是更像游戏。彼此的好意，只是在那么一瞬间，全然不必担心有什么别的用心。

3.寓意深厚的厚大村戏坛祖庙

每到清明节，九峰山下的金华市汤溪镇厚大村戏坛祖庙门口，都有一群小伙子来回奔跑，烈日下，满头大汗的他们手中捧着一根根黄瓜状的青团，走到一群提着花篮的姑娘面前，羞涩地将青团投入姑娘的篮中。戏坛祖庙供奉的是厚大村宋朝年间的一位父母官陈惠王，百姓惯称"陈大王"。陈惠王文韬武略，铲除恶霸，保一方安宁，且他更擅水文，当时引现九峰水库一潭直冲水流改道绕行后山，护村庄免于洪涝灾害。戏坛祖庙为三开三进建筑，"陈大王"像塑于中厅，其父母座后堂，祖庙旁有千年古樟，下有泉眼，供百姓生活之用。戏坛祖庙先建于范氏宗祠，旁设水口殿，历名六度庵，现称观音殿，供守护"陈大王"的僧侣居住所用。如今，旧址依旧，然年代久远，厚大族人欲行修缮，"陈大王"塑像被暂时安置于一处偏殿。时过境迁，厚大村范氏子弟至今保持着一系礼俗，正月初一起来第一件事便是循古道前去拜会"陈大王"，

拜会归来后再打开自家门方为开门大吉，开门大吉前任见了谁都得像没看见一样，不然会送走好运。每年年初四，村里都会组织"陈大王"四处"巡查"，赐福百姓，塑像每到一家，那家就会摆出各色贡品祭拜，供奉的祭品越丰厚，寓意来年运势红火旺盛。

（二）精神要素

1."感念先祖，薪火相传"的精神

厚大范氏早年在清明祭祖这一感恩活动之时安排"抢头杵"这一颇有传承象征意义的活动，并布局于三处先祖圣地，除祈求先祖荫蔽后人，绵延子嗣外，其"感念先祖，薪火相传"之精神教育意义不言而喻，世代传承，家族壮大，家风便成了乡俗。以五谷做"杵"为生殖象征，于田野中行相亲礼，缅怀先祖、传承祖训之时亦有欢乐情趣，可见其农耕文化影响深远，正如非遗中心的朱明升所说："中国传统农耕文化与西方不同，它是一种植根于大农业土壤的文化，它顺应人情、重视常识、讲究中庸之道，体现出一种现世的精神，其核心为'亲亲、仁民、爱物'，枪头杵活动是具有丰富历史内涵和民族融会特征的民间游戏活动，是我国传统农耕文化的一个缩影。"

2.提倡婚姻自由的理念。

"抢头杵"活动对于由父母来主宰婚姻大事的封建陋俗，无疑是一种挑战，也是提倡婚姻自由的一个缩影。至于这个活动的发明者，厚大人基本上已记不起来了。2009 年，厚大范氏"抢头杵"活动被列入浙江省非物质文化遗产名录。因"抢头杵"活动兼具的文化及娱乐价值，以及其无可替代的地方特色，无疑为九峰山旅游资源的开发、生态旅游的保护注入了丰富的文化内涵。

（三）制度要素

1.井然有序的流程

"抢头杵"主要分四个流程：（1）准备。范姓未婚男青年家庭事先以五谷（米、麦、豆、高粱、粟）做成头杵若干；（2）报名。邻村未婚女青年在祠堂管理员处领取花篮一个；（3）投杵。未婚男青年将头杵投入自己钟情对象手中的花篮中，每次一枚，可反复投递；（4）决胜。获得头杵最多的姑娘由范姓族中长辈戴上象征荣耀的花环，所有未婚女青年可以在自己花篮里投过头杵的男青年中选择自己

的意中人。

2. 隆重的传统仪式

据介绍，"抢头杵"活动全程须行九礼。第一礼曰"起鼓"，在司仪的主持下，鼓行初起、再起、三起礼。第二礼曰"鸣金"，亦分初鸣、再鸣、三鸣。第三礼民乐合奏，曰"大乐祭祖"，奏《花头台》。第四礼引赞者，引主赞者到祖坟前上香，三叩首，敬酒。第五礼中，报名参与活动的外族姑娘们须持香到范氏祖坟前许愿，并行"照面"，即古时的才艺展示，琴棋书画抑或女红刺绣皆可，尔后到宗族长者处抽一枚号码签，领一只花篮。第六礼，本族未婚小伙子们须摆好"头杵"，持香到祖坟前祭祖，行三叩首大礼。第七礼，范氏嫡系年长者发表讲话。第八礼，腰鼓队起舞，姑娘们手携花篮，行至距范氏祖坟约200米的戏坛祖庙前，面向祖坟依号码签序列并排而立，小伙子们则持"头杵"一枚立于祖坟前，待司仪宣布"抢头杵"活动开始，一群小伙子便蜂拥着越过田埂小道，把"头杵"投进自己心仪的姑娘的花篮中。随后又飞奔回来，抢"头杵"再次投递，直至"头杵"被抢完。第九礼，姑娘们提着各自的花篮来到祖坟前，司仪将清点其中的"头杵"数量，得"头杵"最多者即被认为是最美的姑娘，范氏太公将亲自给这位"花魁"少女佩戴柳条帽，发红包。礼毕，姑娘们可在给自己投"头杵"的男青年中挑选自己的意中人，赠与信物，然后双双对对离场，待父母为其提亲，日后喜结连理。

（四）语言和象征符号

爱情、婚姻的象征

现在，选美活动层出不穷，但日渐功利化的操作，以及大同小异的模式，让活动的新鲜感、积极性已大不如前。而厚大村这个东方古典版的选美，虽然名气不大，却为我们注入了一股干净、快乐的清风。更加难能可贵的是，抢头杵还象征着爱情、婚姻，在那个由父母来主宰婚姻大事的封建社会，无疑是一个挑战、一个突破，在今天，也很是新鲜。

二、核心基因提取与评价

基于对材料的全面、深入分析，可将本文化元素的核心基因表述为"'感念先祖，薪火相传'的精神""提倡婚姻自由的理念""隆重的传统仪式"。

抢头杵核心文化基因评价依据

评价项目	评价因子	评价依据（特点）	是否
生命力评价	文化基因存续的时间	自出现起延续至今，未曾明显中断	
		自出现起延续至今，但多次衰微、中断后复兴	√
		曾明显衰败，改革开放后开始复兴或历史溯源关键环节缺失，难以考证	
		文化形态主体已灭失，现存部分痕迹	
	文化基因的稳定性	在发展过程中保持相当稳定的状态	√
		在发展过程中存在明显的精神内涵、表现形式剧变	
凝聚力评价	文化基因的凝聚力及社会动员效果	曾广泛凝聚起区域群体的力量，显著推动过社会经济文化的发展	
		曾部分凝聚起区域群体力量，对社会经济文化的发展产生过影响	√
		凝聚过力量，创造过实际的发展动能，但未见对社会经济文化发展产生显著改变	
		仅在历史文献或口耳相传中存在，未见实际介入社会经济发展	

评价项目	评价因子	评价依据（特点）	是否
影响力评价	辐射的范围	具有全国性、世界性的影响力	
		具有长三角区域、浙江省影响力	
		具有市县、乡镇影响力	√
	提炼的高度	已经被古代文人士大夫和当代学者提炼为精神符号和理念理论	√
		单纯的样式、造型、工艺技术规范	
发展力评价	与当代精神追求和价值观念的契合	传统文化基因得到创造性转化、创新性发展；区域革命文化基因被完整继承、广泛弘扬；区域社会主义先进文化基因成为与浙江"三个地"相适应的文化高地	√
		部分转化、部分弘扬、部分发展	
		难以转化、难以弘扬、难以发展	
说明：基因特点评价是对解码出来的基因，根据本《导则》表2的要求，围绕"四个力"逐一对表打"√"，进行定性表述			

（一）生命力评价

"抢头杵"是厚大村范姓家族在清明祭祖活动时的一项十分有趣的民间游艺活动，已有700多年的历史，具有十分重要的文化价值和社会价值。2009年，"抢头杵"被列入了浙江省非物质文化遗产名录，使其具有鲜明的地方特色，更具有历史文化价值。近几年，汤溪镇厚大村的"抢头杵"每年都如期举行，这独特的选美相亲活动重新进入大众视野，展示千年的古村文化魅力。

（二）凝聚力评价

抢头杵是金华汤溪范姓村民清明祭祖的传统活动，以游戏活动的形式为青年男女搭起互相交往的平台。以斗牛、舞龙灯、抢头杵为代表的金华民俗文化，反映了金华历代劳动人民的生活和文化娱乐方式，是金华社会文明变迁的民间写照。"抢头杵"正是以强大的凝聚力充分发挥了民俗文化的滋养涵育作用，以厚重的民俗文化彰显一座城市的底蕴。

（三）影响力评价

清明祭祀"抢头杵"是当地民间弘扬中华民族优秀传统文化、缅怀祖先、慎终追远的一项具体活动，更是厚大范姓后代所表现出的一种精神。每逢清明进行祭祀活动是我国人民几千年的优良传统，祭祖不是简单进行追缅先人的仪式，更是对祖先的缅怀，是一种对自我身份进行确认和肯定的仪式，同时又是对先辈恩情的感激和自身责任的明确。"抢头杵"对于清明祭祀有着重大的影响力，也对中华民族优良传统注入了丰富的文化内涵。

（四）发展力评价

"抢头杵"这一颇有传承象征意义的活动，布局于三处先祖圣地，除祈求先祖荫蔽后人，绵延子嗣外，其"感念先祖，薪火相传"之精神教育意义不言而喻，世代传承，家族壮大，家风便成了乡俗。枪头杵活动是具有丰富历史内涵和民族融会的特征，是我国传统农耕文化的一个缩影。目前，厚大村两委还规划了"抢头杵"文化保护园区；此外，"抢头杵"活动兼具的文化及娱乐价值，以及其无可替代的地方特色也为九峰山旅游资源的开发做出重大贡献。

三、核心基因保存

"'感念先祖，薪火相传'的精神""提倡婚姻自由的理念""隆重的传统仪式"是抢头杵的核心基因，其《古典版的选美活动"抢头杵"》等5项文字资料保存于金华经济技术开发区文化基因解码调查组资料库；以及10项图片资料保存于金华经济技术开发区文化基因解码调查组资料库。

湖海塘水电站

八婺菁华　金华经济开发区文化基因

湖海塘水电站

　　金华城南，双龙南街西侧，海棠西路以南，有个面积近150余万平方米的湖泊，名叫湖海塘。目前，这里已被建设成金华面积最大、景色优美的湿地公园，人称金华"小西湖"。据《金华县文史资料》记载，湖海塘始建于宋，筑塘造堰时，凡官员过往，曾文官落轿、武官下马，挑土三担才可经过。其名称，取的是塘大如湖、蓄水如海之意。这片水域，从库容量或集水面积看，在全省都算不得什么。但在浙江省水利史上，湖海塘曾经留下浓重一笔。在它的下游，坐落着新中国成立后浙江省投产建设的第一座小型水电站——湖海塘水电站，点亮了金华城区半个多世纪的夜晚。

湖海塘水电站为20世纪50—60年代金华城市的经济建设和人民生活作出了极其重要的贡献。就连中国科学院、中国工程院潘家铮院士也曾写文叙述湖海塘电站的建设始末，在《中国小水电发展史》中，由当时的总工韩继绍撰写的湖海塘篇里也详尽记载了湖海塘水电站的具体情况。

1948年，为从根本上解决金华城区照明和金华湖海塘下游城南、秋滨等乡镇1.5万多亩农田的灌溉问题，原国民政府浙江省水利局金华江水利工程处徐焕章、韩继绍等人提出建设金华湖海塘水力发电暨灌溉工程的方案，兴建一座装机200千瓦的小型水力发电站，但当时国民党政府正忙于打内战，未过问此事。次年5月金华解放后，徐焕章和韩继绍向金华专署提出该方案，请当时的金华驻军三十五军政委张雄、金华地委书记冯起、金华专署专员杨源时等党政军领导到现场实地勘查，并向浙江省党政主要领导谭震林和谭启龙作了汇报，获得两位领导的肯定和同意。

湖海塘水电站正式开工于1950年1月2日，在工程开始时政府用以工代赈的办法，动员了金华、汤溪、永康、东阳、义乌、浦江、兰溪、武义等八个县春荒较严重的乡村的农民来参加修筑，暂时解决了他们生活的问题。梅溪拦河坝和山嘴头电厂两项工程也由钱塘江水电勘测处负责施工，其余工程由金华湖海塘水电灌溉工程处负责施工。自此，从梅溪拦河坝到西关尾水渠，全线长20千米的工地上，每天有四五千人日夜施工，场面非常壮观。经过9个月的艰苦奋斗，同年9月30日电站试车发电。

1950年10月25日，湖海塘水电站正式向金华城区供电，成为当时城区的主力发电厂，占城区用电量的97%左右。这是金华有史以来第一次使用水力发电。当时，城区一片光明，人们奔走相告，彻夜欢腾。4万人的金华城，仅靠两台旧柴油机发电几小时的时代，从此成为了历史。有着2000多年历史的金华，有了第一座水电站和第一座小型水库，真正迎来了电的时代。

浙江省和金华专区的第一座小型水电站和第一座小型水库的建成，正式拉开了金华治水新序幕。金华专区兴起了小型水库的建设热潮，金华各地开始大力开展水利工程建设，工程规模从小到大，从单一的工程建设到流域性治理，逐步实施开渠、筑坝与防洪保塌工程。1950年冬至1952年春，全区各县动工兴建的小型水库达30多座。在这样的背景下，金华小型水库的建设经验受到全国关注。

如今，电已不再稀缺，当年需要灌溉的万亩农田早已变成城市的一部分。湖海塘电站的水轮机虽然已不再运转，但它就像一个身披晚霞的老兵，烈士暮年，壮心不已。2014年12月，金华市启动了湖海塘改造工程，在关闭周边养殖场、实现全域禁养的同时，为湖海塘"洗澡"，先后采用干塘清淤、生态截留、物理沉降、植物净化等手段优化水质，而后又开始园林改造。2017年10月，总投资5.6亿元、总面积约293万平方米，集运动健身、生态休憩、文化展示、商务会展等功能于一体的湖海塘公园建成。园内游步道四通八道，植物种类丰富，建筑精美，俨然成了金华的城市客厅。每到周末都有数万人次市民前来休闲游玩。

湖海塘水电站不仅开创了金华水力发电的先例，在金华水电发展史上留下了浓重的一笔，更是见证了金华水电发展史，是新中国金华水利精神的源头所在。

一、要素分解

（一）物质要素

1. "大隐隐于世"的水电站

金华经济技术开发区西关街道山嘴头社区，大黄山脚下，一条小路的尽头有一堵围墙，湖海塘电站就静静地立在围墙里。没有想象中的大坝，只有一幢小小的老式平房，木质隔窗带着时代的印记。不看门口的标牌，一般人很难发现，市声喧嚣处，有一座水电站"大隐隐于市"。如今的水电站，已无轰鸣声。看护电站的老人说，2012 年，因湖海塘水库下游环城南路修建隧道的需要，截断了水流，水电站也就停转了。电站的员工也逐渐安排到了其他岗位

2.意义深远的水轮发电机

在水电站的机房，一台绿色漆皮加身的大家伙静卧在90平方米的车间里。这就是1950年电站落成时，安装的第一台水轮发电机。机身有少许漆皮脱落，走近细看，铭牌上的字母"WESTINGHOUSE""MADE IN USA"显示，它来自美国西屋电气公司。这台机器的来历，也带着那个战火硝烟刚刚消散的年代，独有的印记。造水电站，机电设备是最重要的问题，金华市首位水利工程师韩继绍在其著作《金华水利五十年》中记载，当时经多方打听，四川省有一位军阀在美国订购了两台姐妹型水轮发电机，1949年以前已运抵上海，正存在上海的海关仓库中。金华水利人员实地看货，正符合湖海塘水电站的要求。于是通过浙江省政府向华东军政委员会打报告，并向上海市政府和海关联系

商议，最终同意调拨一台水轮发电机到金华用于发电，运到后迅即投入安装。这台机组一直运行到2012年湖海塘电站停止发电。

3.历史悠久的发电机组

在水轮发电机的旁边，是一台金华水轮机厂生产的发电机组，那是1983年湖海塘水电站扩建时新增的。2000年，在不改动原貌的基础上，对老机组进行增容，增容后容量达到250千瓦。2005年至2008年间，电站又陆续更新改造了微机监控系统、发电机组调速系统、节能高效的新型变压器等，修复改善水工工程，电站年均利用时间达5000小时左右。

（二）精神要素

1. 与时俱进的时代精神

随着时代的发展，湖海塘水电站也与时俱进，不断发挥领头羊的作用。为满足不断提升的居民用电需求，1983年，湖海塘水电站进行了扩建，新增一台200千瓦的发电机组。2000年，在不改动原貌的基础上，对第一台机组进行增容，增容后容量达到250千瓦，极大提升了设备运行水平。2005年至2008年间，湖海塘水电站引进新技术和新设备，陆续升级改造了电站的微机监控系统、发电机组调速系统，淘汰技术落后的设备，新增节能高效的新型变压器。同时，不断更换老旧的高压电力电缆，及时修复部分存在故障隐患的工程，对863水电溇进行了拓宽，使尾水下降0.5米。通过优化水源调节，保证了安全高效运行，电站年均利用时间达5000小时左右。整体自动化和智能化水平不断提升，从当初的人工繁琐操作发展到微机监控和自动控制，既减轻劳动强度，又促进了电站的长期发展，使老电站焕发新的生机。

2. "艰苦奋斗、奉献担当"的水利精神

风雨70年，湖海塘水电站不仅开创了金华水力发电的先河，在金华水电发展史上留下了浓重的一笔，更是见证了金华水电发展史，是金华水利精神的源头所在。它现在虽已不复当年辉煌，但却承载着新的使命，它是老一辈水利人艰苦奋斗的见证者，新一代水利人奉献担当的激励者。

3. "人湖和谐共处"的理念

2013年5月，湖海塘西边响起轰鸣声，一个老水塔被顺利拆除，迈开了湖海塘开发建设的第一步。同年6月，湖海塘南侧的苏孟乡山背村开始拆迁。同年7月，湖海塘北面的违法建筑也被一一拆除。通过拆违，湖海塘的生态环境得到了显著改善，西岸引来成群的白鹭栖息。为有效提升水质，防止畜禽养殖污水进入湖海塘，2014年以来，金华经济技术开发区严格对标"五水共治"要求，共关停苏孟乡、石门农场区域内的畜禽养殖场572家，减少年生猪养殖18万多头，奶牛养殖2500多头，全面禁止畜禽规模养殖。2017年10月，总投资5.6亿元、总面积约293万平方米，集运动健身、生态休闲、文化展示、商务会展等功能于一体的湖海塘公园建成。

园内游步道四通八达，植物种类丰富，建筑精美，俨然成了金华的城市客厅。现在每到周末都有很多市民前来休闲游玩。

（三）制度要素

1. 以工代赈的方式

在湖海塘水电站工程开始时政府用以工代赈的办法，动员了金华、汤溪、永康、东阳、义乌、浦江、兰溪、武义等八个县春荒较严重的乡村的农民来参加修筑，解决了部分地区的春荒问题，如金华县江山乡的数百民工除开支伙食零用外，在农忙回去时又共领回去大米七百担，度过夏荒已无问题。参加修筑的工人，除农民外，尚有来自上海杭州的部分失业工人，湖海塘的建设暂时解决了他们生活的问题……此外金中、金师、金农、新成、八婺等几个中学的学生们也来参加工作，解决了部分贫苦学生的求学困难，而且在劳动中纠正了部分人轻视劳动的错误观点。公安部门还介绍去了伪军官人员及百余个劳教所的犯人，在劳动中他们非但能生活自给，并在劳动中得到了改造。

2. "人有专职、事有专管"的分工责任制

湖海塘水电站在进行变电站增容改造、引进新材料和新设备的同时，还非常重视管理的进步。尤其注重对运行维护人员的技术培训，建立安全生产分工责任制，做到人有专职、事有专管，根据水电站的实际情况配置外线班、检修班、水文班，建立和完善操作制度，对水电站设备定期巡视和检查，积极发现和排除事故隐患。

（四）语言和象征符号

电力机械制造的里程碑

湖海塘水电工程的成功是一个触发点，金华各地治水热情高涨，兴修水利热火朝天。从 1950 年冬到 1952 年春，金华各县动工兴建的小型水库就有 30 多座。1957 年金华"水库热"传遍全国，22 个省、市、自治区的水利考察团前来取经，一时盛况空前。具有标志性意义的是，金华山"一垅八站"中的双龙电站在 1959 年国庆前夕投产。水电干部职工群策群力，建造了千瓦水轮机与千瓦发电机联机，树立了我国电力机械制造和农村水电史上的里程碑。在小水电蓬勃发展时代大潮中诞生的金华水轮机厂，也从此步步走

向辉煌。其生产的水轮机产品遍及全国 31 个省、市、自治区的 700 多个城市，出口水轮机总台数和出口国家数至今仍保持全国第一。1960 年春天，毛泽东主席来水电站视察，称赞金华人民具有自力更生、艰苦创业的精神。联合国亚太地区小水电会议代表以及 105 个国家的专家学者也先后前来考察学习，打响了湖海塘水电站的知名度。

二、核心基因提取与评价

基于对材料的全面、深入分析，可将本文化元素的核心基因表述为"'艰苦奋斗、奉献担当'的水利精神""'人湖和谐共处'的理念""以工代赈的方式"。

湖海塘水电站核心文化基因评价依据

评价项目	评价因子	评价依据（特点）	是否
生命力评价	文化基因存续的时间	自出现起延续至今，未曾明显中断	√
		自出现起延续至今，但多次衰微、中断后复兴	
		曾明显衰败，改革开放后开始复兴或历史溯源关键环节缺失，难以考证	
		文化形态主体已灭失，现存部分痕迹	
	文化基因的稳定性	在发展过程中保持相当稳定的状态	√
		在发展过程中存在明显的精神内涵、表现形式剧变	
凝聚力评价	文化基因的凝聚力及社会动员效果	曾广泛凝聚起区域群体的力量，显著推动过社会经济文化的发展	√
		曾部分凝聚起区域群体力量，对社会经济文化的发展产生过影响	
		凝聚过力量，创造过实际的发展动能，但未见对社会经济文化发展产生显著改变	
		仅在历史文献或口耳相传中存在，未见实际介入社会经济发展	

评价项目	评价因子	评价依据（特点）	是否
影响力评价	辐射的范围	具有全国性、世界性的影响力	
		具有长三角区域、浙江省影响力	
		具有市县、乡镇影响力	√
	提炼的高度	已经被古代文人士大夫和当代学者提炼为精神符号和理念理论	√
		单纯的样式、造型、工艺技术规范	
发展力评价	与当代精神追求和价值观念的契合	传统文化基因得到创造性转化、创新性发展；区域革命文化基因被完整继承、广泛弘扬；区域社会主义先进文化基因成为与浙江"三个地"相适应的文化高地	√
		部分转化、部分弘扬、部分发展	
		难以转化、难以弘扬、难以发展	

说明：基因特点评价是对解码出来的基因，根据本《导则》表2的要求，围绕"四个力"逐一对表打"√"，进行定性表述

（一）生命力评价

1950年1月2日，湖海塘水电站开始兴建。解放之初，百废待兴，一穷二白。第一届金华地委情系民生，排除万难，带领群众建成湖海塘水利工程，为城区4万多居民送去光明，"点亮"了金华城，并一举解决城南1.5万亩农田灌溉难题。湖海塘水电站一直都是水利人艰苦奋斗、不断创新的缩影，激励着一代代水利人继续奉献担当。

（二）凝聚力评价

1950年，湖海塘水电站工程正式动工，其中梅溪拦河坝和山嘴头电厂两项工程由钱塘江水电勘测处负责施工，其余工程由金华湖海塘水电灌溉工程处负责施工。自此，从梅溪拦河坝到西关尾水渠，全线长20千米的工地上，每天有四五千人

日夜施工，汇聚成强大的凝聚力，使场面非常壮观。10 月 25 日，湖海塘水电站正式向金华城区供电，这是金华有史以来第一次使用水力发电。当时，金华城区一片光明，群众欢欣鼓舞，都在庆祝这跨越时代的一次创新尝试。

（三）影响力评价

湖海塘水电站是新中国成立后浙江省建成投产的第一座小型水电站，之后，金华掀起小电站建设高潮。毛泽东主席曾亲临视察以双龙"一垅八站"为代表的小水电杰作，并予以高度评价。1950 年 10 月 25 日，湖海塘水电站开启了金华人的光明之夜。一年后，湖海塘下游灌溉渠系等配套竣工，彻底消除了城南 1.5 万多亩农田旱涝之苦。自此，从 1950 年冬到 1952 年春，金华各县动工兴建的小型水库就有 30 多座。1957 年金华"水库热"传遍全国，22 个省、市、自治区的水利考察团前来取经，一时盛况空前，树立了我国电力机械制造和农村水电史上重要的里程碑。

（四）发展力评价

沿着金华市区双龙南街一路向南过海棠西路，就可以看到有个面积近 150 余万平方米的湖——湖海塘。当年，利用湖海塘蓄水发电，曾诞生新中国成立后浙江省投产建设的第一座小型水电站——湖海塘水电站。时代变迁，湖海塘发电、灌溉功能渐渐淡出。但是金华市委、市政府也将进行规划，将湖海塘建成金华市区最大湿地公园、高品质的城市会客厅、创新发展的高能级平台。使湖海塘的今昔变迁，演绎出一个向水而兴、向城而生的春天故事。

三、核心基因保存

　　"'艰苦奋斗、奉献担当'的水利精神""'人湖和谐共处'的理念""以工代赈的方式"是湖海塘水电站的核心基因,其《建国后浙江的第一座小型水电站》等 4 项文字资料保存于金华经济技术开发区文化基因解码调查组资料库;以及 10 项图片资料保存于金华经济技术开发区文化基因解码调查组资料库。

金华酥饼

八婺菁华　金华经济开发区文化基因

金华酥饼

　　金华，古称婺州，是浙江省地级市，中国十佳宜居城市之一。金华位于浙江省中部，属于亚热带季风气候，有双龙洞、横店影视城、中国茶花文化园、金华市文化艺术中心等著名景点。除此之外，金华还有着许多的特色美食，例如金华火腿、金华酥饼、金华汤包、咸汤圆、兰溪鸡子馃、永康肉麦饼等等。其中金华酥饼馅心用干菜、猪肉为主料，故又名干菜酥饼。其色泽金黄，香脆可口，还有淡淡的芝麻香，味道极佳。

　　金华酥饼制作历史悠久，是金华地区特有的文化符号。酥饼形若蟹壳，每层扁薄如纸，皮面金黄，满布芝麻，馅心油而不腻，长期以来深受历代普通百姓的喜爱，其悠久的历史，独特的制作技艺和酥松、香脆的口感特点，使其成为金华地区知名传统食品之一。2013年，金华酥饼以其奇特的外形、美妙的口感荣获了第31届巴拿马国际博览会金奖。2009年，金华酥饼作为传统技艺入选浙江省非物质文化遗产保护目录，在我国地方食品中独树一帜，成为名扬大江南北的休闲食品和送礼佳品。

据《金华市志》记载，在金华，民间传说认为金华酥饼由程咬金所创。程咬金，济州东阿（今山东东平西南）人，唐朝开国大将。据传，他早年曾流落到金华以卖烧饼为生。有一次，程咬金烧饼做得太多了，一天也没卖完。担心烧饼变坏，他就将烧饼放回了炉里，心想：用火烤着，烧饼总坏不了的。第二天，程咬金惊奇地发现，炉里烧饼已烘烤得油润酥脆、香味扑鼻。他非常高兴，便扯着嗓子大喊："又香又脆的酥饼。"大家听到喊声，争相前来品尝，赞不绝口。从此，老程家的烧饼就变成了酥饼，买的人更多了。在人们争夸程咬金的手艺越来越高超的同时，有的烧饼铺老板也在向程咬金请教酥饼的制作"秘方"，程咬金哈哈大笑说："我哪有什么'秘方'呀！只不过在炉边烤一夜而已。"随后，大家在程咬金的做法基础上逐渐的加以改进，使制出的酥饼圆若茶杯口，形似蟹壳，面带芝麻，两面金黄，色泽金黄，香脆可口，加上干菜肉馅之香，就更具有其特殊的风味了。后来程咬金参加了隋末农民大起义，在瓦岗寨当上了寨主"混世魔王"，进而成了唐王朝开国元勋。他功成名就之后，仍忘不了早年的卖饼生涯，便极力推荐该小吃。"金华酥饼"更随程咬金的名气而名扬四海。后人也赞金华酥饼道："天下美食数酥饼，金华酥饼味最佳。"

金华酥饼的故事，有着许多的传说，除了程咬金的故事外，还有明太祖朱元璋率兵攻克金华后，曾与军师刘伯温在婺州明月楼上品尝过酥饼，太平天国时，金华民众曾以酥饼慰劳屡败清军的李侍王等等。金华酥饼不仅有着悠久的历史，最为重要的仍旧是金华酥饼那入口酥脆，遇湿消融的口感。浓烈的陈香，香甜的回味，酥饼以其特有的魅力强烈地吸引着食客，古代就有过李白在酥饼店前"闻香下马"的传说。

金华酥饼的用料极其讲究，以上等面粉、雪里蕻和九头芥腌制的干菜、特定部位的猪肥膘肉以及芝麻、菜油、饴糖为主料。制作过程要经过泡面、揉面、擦酥、摘胚、包馅、刷饴、撒麻、烘烤等十多道工序。每一道工序都极有讲究。其中的重要环节是泡面，面泡得太熟不起发，泡得太生不松脆。揉面的技术也非常关键，决定着做出来的酥饼软硬程度。擀面的轻重直接影响到酥饼的松脆；油酥的制作要严格控制菜油和干面粉的比例；卷团要求薄，摘胚要求酥层藏在胚子内，摘胚时要求运用手腕抖动的力量；包馅也很有讲究，收口要好，不能露底，层次分明，不偏皮、不空腔、不露馅；最后是烘烤，烘烤的炉温火候要掌握好，饼坯贴于炉的内壁，经烘烤、焖烧及将炉火退净后焙烤，起炉要熟练

快速，这样的酥饼才能通体金黄、完整丰满。

金华酥饼制作技艺精细复杂，包括选料、饼胚制作和烘烤等近18道工序。制作传统金华酥饼的主料和辅料主要包括面粉、霉干菜、猪肥膘肉、芝麻、菜油、饴糖以及精盐等。馅料由猪肥膘肉丁、霉干菜和精盐搅拌而成。和面、饧面是金华酥饼制作技艺的基本功，面粉要用温水搅匀，和成的面团要揉匀揉透。饧好的面团擀成面皮后抹上一层菜油，俗称上油或擦酥。上油过程中要使用土菜油即菜籽油，这样才能保证烤出来的酥饼色泽金黄，口感香酥。面皮上油后撒上面粉，抹匀，再自上而下卷起，搓成长圆形，揪成小块，这个过程称为摘胚。小块面团压平，用手按成中间厚、周边薄的圆皮，包入馅料，收拢捏严，收口朝下放在案板上。然后，用擀面杖将其擀成圆饼，刷上饴糖水，撒上芝麻，即为饼坯。饼胚制作完成后，进入烘烤环节，传统金华酥饼使用黄沙烘饼，炉内烧木炭烘烤。当炉壁温度达到80至100摄氏度时，将饼坯贴在炉壁上进行烘烤。十分钟后关闭炉门，用瓦片将炭火围住，盖上炉口，再焖烘半

小时。等炉火全部退净，再烘烤2到5个小时，即告成功。传统技艺烘烤制作的金华酥饼每层扁薄如纸，皮面金黄，面带芝麻，馅心油而不腻，香浓味美，酥脆异常。

金华酥饼的制作技艺经历一个由简到繁、由粗到细的过程，这过程是在漫长的历史演变过程中逐渐发展完善。金华酥饼经过不断改进，已成功研制出火腿酥饼、牛肉酥饼、甜酥饼、辣酥饼、双麻酥饼、姜堰酥饼、卤肉豆沙酥饼、红庙酥饼等品种。早在1989年，金华酥饼就荣获了"省优产品"称号。如今，金华酥饼店在金华市区遍地开花，香飘四方，为各地来金客人增添了口福。

目前，整个金华市区规模较大的生产厂家有四十余家，日产量6万只，与全国20多个城市建立了产销联系。现在金东区的曹宅镇大黄村因为酥饼成为金华特色村。大黄村面积不大，有着300多户人家，做酥饼的就有100多家。黄根生是大黄村第一个开酥饼铺子的，金华大多知名酥饼店的店主，不是师从黄根生，就是师从他徒弟。大黄村多人从事金华酥饼的制作与销售，已经拥有了墨香、苏香、黄家春莲、黄氏兄弟、老倪等几个在各地有相当知名度的酥饼品牌。酥饼业在为大黄村带来经济收益的同时，还提升了村庄的知名度。

金华酥饼不仅体现了传统食品文化的多样性和独特魅力，也从另个侧面折射出中华文化的多元融合和在实践中不断开拓创新的发展活力。金华酥饼作为一种传统加工工艺，历史悠久且代代相传。遍布金华城乡的酥饼小作坊，通过手工和炉烤制作可以把酥饼做得十分精细，地方技艺特点显著，口味纯正，是彰显地方特色的文化名片。

一、要素分解

（一）物质要素

1. 源远流长的制作历史

金华酥饼制作技艺有着悠久的历史，早在北魏贾思勰的《齐民要术》饮食部分就有谓之"髓饼法"的记载。元末明初陶宗仪编的《说郛三种》收录南宋清江吴氏著的《中馈录》，其中明确记载"酥饼方"："油酥四两，蜜一两，白面一斤，搜成剂，入印作饼上炉。或用猪油亦可，用蜜用二两尤好。"由此可见酥饼制作在当时是作为糕点制作技艺之一。元倪瓒的《云林堂饮食制度集》、清袁枚《随园食单》、顾仲《养小录》、薛宝辰《素食说略》等烹饪书籍也有提到酥饼的制作。

2. 优质新鲜的原材料

制作传统金华酥饼的主料和辅料主要包括面粉、霉干菜、猪肥膘肉、芝麻、菜油、饴糖以及精盐等。馅料由猪肥膘肉丁、霉干菜和精盐搅拌而成。和面、饧面是金华酥饼制作技艺的基本功，面粉要用温水搅匀，和成的面团要揉匀揉透。饧好的面团擀成面皮后抹上一层菜油，俗称上油或擦酥。上油过程中要使用土菜油即菜籽油，这样才能保证烤出来的酥饼色泽金黄，口感香酥。

3. 传统的桶形木炭炉

金华酥饼是一种闻名国内外的传统省优农产品，具有酥、香、脆，入口即化，色泽金黄，外形

圆润饱满美观等特点，是金华市的著名旅游产品，深受老百姓的喜爱。其独特风味依赖于传统的配方和工艺，特别是借助于桶形木炭炉的特殊设备完成酥饼的干燥脱水熟制。酥饼炉一般为圆柱体结构，炉体分外、中、内三层，采用传统炭烤制作的酥饼，带有一种独特的味道，尤其是刚刚出炉

的，从热乎乎的炉壁上揭下一个来，等它稍凉一些，一口下去，香脆的酥皮直掉渣，再仔细一品，直叫人赞不绝口。

（二）精神要素

1. 精益求精的匠人精神

黄坤龙是现任金华酥饼行业协会会长，他自 1990 年以来一直从事酥饼制作至今，他一直在酥饼传统制作技艺领域进行传承和创新，攻克了酥饼发酵面团不稳定和酥饼起酥不粘层难题，参与和制定了金华酥饼食品安全标准。2013 年他制作的酥饼代表金华酥饼拿下第 31 届巴拿马国际博览会金奖，先后荣获国家高级面点师、金华市非遗传承人、金华酥饼大师等荣誉。一直以来，黄坤龙都手工制作，不用添加剂，坚持用质量上乘的菜籽油、标准三层肉和优质雪里蕻干菜，由于

不添加任何防腐剂，店铺的酥饼的保质期只有20天，这些年很多客户上门来谈能不能延长保质期，但黄坤龙认为，只有保证金华酥饼最传统的味道，才能守住自己坚持了二十多年的口碑和质量。

2. 推陈出新的创新精神

现在金华市区及乡镇的酥饼店林立，应该算得上是单一品种最多的专卖店了，经过多年的运作，也有众多的品牌脱颖而出了，比如默香等品牌已经形成产业化的工厂化运作，完全摆脱了作坊化的生产，其产能得到了大大的提升，默香酥饼甚至进驻了高速公路的服务区内，对其公司的品牌宣传更上了一层楼。还有如苏香、黄家春莲、老蒋酥饼等，他们虽然没有工厂化运作，但也采取了集中制作，分别送到自家的销售门店进去销售，并取得了显著的效果。

3. 传统与创新融合的经营理念

原先，金华酥饼生产无统一标准，制作时凭借经验，工艺技术依靠师傅口口相传。这种粗放的手工生产方式不仅产量低，产品品质不一，而且产品成本也随着当地用工成本的增加而不断上升。在国家大力推进"产业升级"和实施"中国制造2025"战略规划的大背景下，国内企业开始向标准化、自动化、智能化的生产方式转变。金华酥饼协会创新性地提出了"两条腿走路"的理论，传统和创新巧妙融合，并肩发展。在生产上实现规模化，形成了一条闭合的产业链，降低生产成本。此外，营销模式上运用互联网化——利用O2O（线下的商务机会与互联网结合）来更精准地发现用户需求，最大化地降低营销成本。最后，行业协会制定了酥饼的行业标准，大大加强了酥饼生产的规范性和严格性。电商的快速发展和普及，为传统食品销售开辟了一条新渠道，现在，40%的金华酥饼企业已涉足电子商务领域，走上了互联网+的新运营模式，其中：苏香、黄家春莲、小老黄、炭花香等一些金华酥饼知名品牌企业，已单独设立电商业务部门，将其作为主要销售渠道来培育。虽然金华酥饼企业在电商销售领域起步较晚，但已创造了可观的销售业绩。

（三）制度要素

1. 传统的制作技艺

传统的金华酥饼，采用纯手工制

作，老面发酵，木炭烤制。天刚蒙蒙亮，酥饼店里就忙碌开来，和面、生炉子……数十年如一日的操作，每一天都在这作坊里反复上演。准备工作就绪后，将醒好的面团摊开，以交替的方式反复抹上厚厚的菜籽油和面粉，这个过程就叫做"上酥"，将上完酥的面饼仔细卷起，再揪成一个个小面团，卷起的面团，就是酥饼中酥脆的千层表皮。酥饼的馅儿，也是非常传统的老味道——干菜肉，干菜使用的是雪里蕻，味道香醇浓厚，最是适合用作饼馅儿；肉的部分是上等三层肉，肥而不腻，烘烤后会产出大量的油份。包好的酥饼刷上麦芽糖浆，是酥饼鲜香的保证，再撒上黑白芝麻，烤制前的准备工作就全部完成了。"洗炉"是古法制作酥饼中非常重要的一步，高温水洗可以对炉壁进行消毒，同时还能将炉内调整到最适合的烘烤温度。烤制的过程也需要讲究，传统烤炉内上下温度不同，要先进行全面烘烤，待下半部分酥饼进入半熟状态时将炉盖打开，这样就可以达到进度同步。不一会儿，香喷喷的酥饼就可以出炉了。

金华酥饼在坚持传统制作技艺的同时，对生产的酥饼还在感官、卫生和理化等三大标准作出了要求，主要包括馅料、成品、贮存、包装四方面内容。标准的制定：让出炉的每个酥饼在色、香、味、型上都别具一格，具备了酥、松、香、脆等感官特点外，还要求卫生达到国家食品生产标准。理化指标达到人体所需的蛋白质等含量标准。标准的制定，把酥饼的传统手工制作提升到一个科学制作的层面。

2. 精细复杂的制作工序

要做一只合格的金华酥饼，首先就要学会做饼皮。饼皮最多可达10层，层次分明的关键在于擀面、擦酥和卷条。面团中加入天然发酵的老面头，反复揉搓均匀，撒入碱粉中和老面的酸性，静置发酵后便到了重头戏——擀面。面片要擀得薄而大，小榨的土菜籽油提升油酥的色泽和脂香，提拉卷条更是考验功夫，拉的面积越大，卷的层次越多，饼皮才会更加酥松脆口，薄如蝉翼。

第二步是做馅料：肉取猪脊背上的膘肉，膘肉肉质肥厚，烘烤后粒粒分明，再加上我们当地特制的雪里蕻干菜，咸鲜味醇，还要加入花生碎、芝麻和干辣椒来丰富口味。内馅做好后就可以将卷好的面团下剂子，按压后包入干菜肉馅，用虎口慢慢收紧，按扁，再用擀面杖擀到表面光洁，然后刷上一层饴糖水，或者义乌红糖水。梅菜清爽的咸香搭配红糖水的香甜，再与酥饼巧妙融合。

最后均匀撒上芝麻，就可以上炉了。酥饼的烤制沿袭古法贴炉碳烤，木桶陶炉内置黄沙，保温效果极佳。都说酥饼师傅"火里一把、水里一把"，贴饼需要娴熟麻利，一气呵成，才能避免炉内高温灼伤。每一炉温度皆有不同，温度的调节全靠老师傅的双手判断。饼胚在炭火的高温中很快就自我膨胀，蓬松饱满，但这油黄金亮的酥饼还不是最终成品，酥饼一直遵循传统古法，还需要将这些第一次烤制的酥饼进行回炉，二次焙烤。第二次先用泥瓦片隔断炉火，上铺油纸，再将酥饼回炉一夜，利用炉壁的余温焙干水分和油脂，这一次出炉的酥饼才能油而不腻，酥透掉渣。

3.师徒传承的传承机制

金华酥饼制作技艺基本靠师徒传承、口传心授，金华政企多方共同努力，积极进行金华酥饼技艺生产性保护。首先，政府部门积极开展金华酥饼宣传展示活动，企业投资兴建了金华酥饼展览馆。其次，文化部门不断健全传承机制，规定金华酥饼代表性传承人必须采取签约结对传承方式进行师徒传承。另外，金华当地酥饼企业发起成立了金华酥饼行业协会。除规范行业竞争和加强监督管理外，协会还积极开展金华酥饼传统技艺培训，并对相关从业人员进行技术等级评定。

二、核心基因提取与评价

基于对材料的全面、深入分析，可将本文化元素的核心基因表述为"精益求精的匠人精神""精细复杂的制作工序""师徒传承的传承机制"。

金华酥饼核心文化基因评价依据

评价项目	评价因子	评价依据（特点）	是否
生命力评价	文化基因存续的时间	自出现起延续至今，未曾明显中断	√
		自出现起延续至今，但多次衰微、中断后复兴	
		曾明显衰败，改革开放后开始复兴或历史溯源关键环节缺失，难以考证	
		文化形态主体已灭失，现存部分痕迹	
	文化基因的稳定性	在发展过程中保持相当稳定的状态	√
		在发展过程中存在明显的精神内涵、表现形式剧变	
凝聚力评价	文化基因的凝聚力及社会动员效果	曾广泛凝聚起区域群体的力量，显著推动过社会经济文化的发展	
		曾部分凝聚起区域群体力量，对社会经济文化的发展产生过影响	√
		凝聚过力量，创造过实际的发展动能，但未见对社会经济文化发展产生显著改变	
		仅在历史文献或口耳相传中存在，未见实际介入社会经济发展	

评价项目	评价因子	评价依据（特点）	是否
影响力评价	辐射的范围	具有全国性、世界性的影响力	√
		具有长三角区域、浙江省影响力	
		具有市县、乡镇影响力	
	提炼的高度	已经被古代文人士大夫和当代学者提炼为精神符号和理念理论	
		单纯的样式、造型、工艺技术规范	√
发展力评价	与当代精神追求和价值观念的契合	传统文化基因得到创造性转化、创新性发展；区域革命文化基因被完整继承、广泛弘扬；区域社会主义先进文化基因成为与浙江"三个地"相适应的文化高地	√
		部分转化、部分弘扬、部分发展	
		难以转化、难以弘扬、难以发展	
说明：基因特点评价是对解码出来的基因，根据本《导则》表2的要求，围绕"四个力"逐一对表打"√"，进行定性表述			

（一）生命力评价

金华酥饼历史悠久，始创于隋唐，距今已有1300多年。相传唐代开国名臣程咬金曾在金华开过酥饼店，是酥饼行业的祖师。以后代代相传，名声甚广，成为闻名遐迩的传统特产。2005年之后，金华酥饼的生产走上了规模化的道路，组织成立了酥饼协会，经过技术职能比武，评出了14名酥饼大师，金华酥饼的制作技艺，在2009年被列入浙江省第三批非物质文化遗产。2013年4月20日金华酥饼获31届巴拿马国际博览会金奖。如今，金华酥饼产业也已经形成了一个巨大的线上线下营销平台，推动着金华酥饼行业健康有序发展，把"金华酥饼"打造成"酥饼精华"。

（二）凝聚力评价

在曹宅镇大黄村，"苏香酥饼"创始人黄兆成是酥饼行业的"探路者"。20世纪80年代，他在镇上开了家酥饼店，生意火爆，久而久之便有了一批稳定的老客户。村民们看着黄兆成的酥饼生意越做越红火，纷纷前来拜师学艺。20世纪90年代，在他的带领下，越来越多的村民放下锄头揉起了面粉，使曹宅镇大黄村成了金华酥饼的"根据地"。这个酥饼专业村培育出了"黄家春莲""苏香""黄仕兄弟"等众多知名品牌。一炉，一板，一人，古老的手艺仍具有无可替代的魅力和价值，酥饼师傅们传承的双手，带给金华人熟悉眷恋的味道，也为酥饼行业开辟了新的发展格局。

（三）影响力评价

金华酥饼小巧扁圆、色泽金黄、圆若茶杯口，大小如蟹盖，厚薄如桔子，表面镶嵌点点芝麻。闻之香溢四方，尝之香脆可口，脆而不坚，内荤外素，油而不腻，让人意犹未尽，余味无穷。是金华地区的传统名点、主要特产之一，金华酥饼小店散布于金华的大街小巷，价廉物美，携带方便，是旅行者的理想干点，是出门经商、赴试的理想干粮，亦是馈赠亲朋好友的首选佳品。而对于金华人来说，金华酥饼不只是一个产品，更是一种情怀。遍布大街小巷的酥饼店，是本地人浓厚的乡愁记忆。

（四）发展力评价

酥饼是历代金华人味蕾的记忆，也是金华古老饮食文化的代表。如今，传统的味道在金华手艺人的改革创新下得以漂洋过海，跨越千里为人们带去美妙的味蕾体验，这种敢为人先的创新精神和精益求精的匠人精神赋予了金华酥饼生生不息的全新生命力。与此同时，金华酥饼这项非遗技艺不仅要传承，更要有创新。近年来，通过馅料的创新，金华酥饼已从传统梅干菜肉馅的基础上发展成核桃、海鲜和火腿等20多种风味的酥饼系列。同时，在销售上，也从传统的小作坊、夫妻店创新发展为品牌连锁、专卖等线上线下多元销售模式。今天的金华酥饼及其技艺，正在与金华这座美丽的城市一起，在时代中演变、振兴。

三、核心基因保存

"精益求精的匠人精神""精细复杂的制作工序""师徒传承的传承机制"是金华酥饼的核心基因，其资料保存如下：《千年传承金华酥饼》等10项文字资料保存于金华市文化基因解码调查组资料库；以及12项图片资料保存于金华市文化基因解码调查组资料库。

金华火腿

八婺菁华 金华经济开发区文化基因

金华火腿

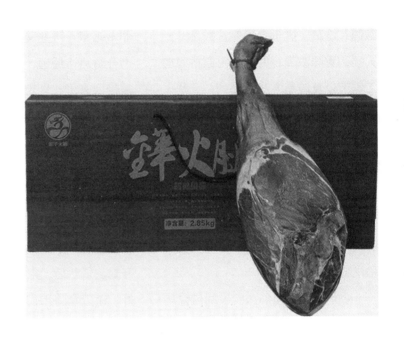

　　金华火腿，中国国家地理标志产品，中华传统美食。它是以浙江金华优良猪种的后腿为原料，以金华地区特殊的地理环境、气候特点为依托，以民间千年形成的独特腌制和加工方法制作而成的。火腿肌红脂白，香气浓郁，滋味鲜美，以色、香、味、形"四绝"享誉海内外。金华火腿腌制技艺是制作金华火腿的独特技艺，于2008年入选第二批国家级非物质文化遗产名录。

　　金华火腿（又称火䐥）具有俏丽的外形，鲜艳的肉，独特的芳香，悦人的风味，清时由浙江省内阁学士谢墉引入北京，已被列为贡品，谢墉的《食味杂咏》中提到："金华人家多种田、酿酒、育豕。每饭熟，必先漉汁和糟饲猪，猪食糟肥美。造火腿者需猪多，可得善价。故养猪人家更多。"金华出产的"两头乌"猪，后腿肥大、肉嫩，经过上盐、整形、翻腿、洗晒、风干等程序，数月乃成火腿，香味浓烈。由于所用原料和加工季节以及腌制方法的不同，金华火腿又有许多不同的品种。如在隆冬季节腌制的，叫正冬腿；将腿修成月牙形的，叫月腿；用前腿加工，呈长方形的，称风腿；挂在锅灶间，经常受到竹叶烟熏烤的，称熏腿；用白糖腌制的，叫糖腿；还有与狗腿一起腌制的，称戌腿。

金华火腿历史悠久。民间传说认为，金华火腿及其腌制技艺与宋朝抗金名将宗泽有关。宗泽，浙江义乌人，宋朝名将，在金华地区被奉为金华火腿业的祖师爷。据传，北宋末年时，宗泽为破金兵，从义乌和金华一带招募很多子弟兵。这些兵作战英勇，在宗泽的带领下，大破金兵。在收复了开封府后，他们到新都南京应天府（今河南商丘）来报捷。宗泽打了胜仗，特带这些英勇无畏的子弟兵回到了家乡金华和义乌，探望父老乡亲。听说宗泽打了胜仗从抗金前线回来，金华和义乌的乡亲们都赶来看望宗泽。他们杀猪做酒，肩挑人抬地送进宗泽住处，让宗泽带回去慰劳那些抗金的将士。面对这么多的猪肉和美酒，宗泽非常感激。可他又觉得很为难。此地离开封路途遥远，这些新鲜的猪肉就是带回去了，肯定也变味了。不带，又对不起乡亲们的一片真情。宗泽思来想去，终于想出了个好主意。他派人准备了几只大船，把猪肉放在船舱里，然后放上大量盐，把猪肉腌上，敞口运去开封。一路上，宗泽克服了重重困难，终于把猪肉完好地运到了开封。抵达后，宗泽派人把腌猪肉烧好，犒劳众将士们。大家吃了，都说这腌猪肉比鲜猪肉还香。将士们吃饱喝足了，打起仗来更加英勇强猛。皇帝得知将士们在宗泽的带领下越战越勇，连战连胜，非常高兴，他也赶来开封慰问宗泽和抗金将士。宗泽派人把从金华和义乌带来的肉烧制成各种菜肴，宴请皇帝。皇帝看着那一盆盆火红的东西，好奇地尝了几口，感觉味道鲜美极了，他忙问宗泽："这么好吃的东西叫什么菜呢？"宗泽答道："这是从金华家乡带来的猪腿肉。"皇帝连声称赞："色红似火，鲜美可口，我看，还是把它叫做'金华火腿'吧！"不久，金华火腿的名称就传播开了。

据说，过去在金华等地，如果新开的火腿店铺要开张，总要事先在堂前挂上一幅"宗泽公"的画像，说他是金华火腿制作的祖师爷，虔诚地对祖师爷表示敬意，以求其赐予吉祥、顺利，生意越做越红火。

金华民间腌制火腿，始于唐代，距今已有1200多年历史。比起清雍正年间（1727）问世的云南宣威火腿要早1000年。元朝（1277—1367）初年，意大利旅行家马可·波罗将火腿制作方法传往欧洲，至今意大利、加拿大和法国等民间制作的火腿还保持着中国火腿的传统特色，甚至用竹签检验火腿质量的方法也保持得一模一样。至明代，火腿已经成为地方主要特产和朝廷必征的贡品。对火腿的制作方法在《本草纲目拾遗》中亦有记叙："腌法，每腿拾斤，用炒盐四两，以木刻槌为人掌状掺盐，后用掌槌轻轻揉擦，四周兼到，俟皮面如绵，然后入缸，缸面盖以辣蓼竹匾

盖之，待七日有卤，翻倒一转，令上下匀，再以炒盐四量，如前法，以手揉腌入缸，十日后，即用缸中原汁洗净，一一以绳缚定，挂悬风处，唯冬腌者不滴油。"

火腿腌制是火腿加工最关键的一环，腌制质量好坏，直接关系到火腿的色、香、味、品质。必须精心操作，才能腌制出质量上乘的火腿。所谓腌制实际上就是简单的"盐腌"。而火腿的盐腌过程完全不同于我们日常理解中其他食品的腌制，普通人只要亲身体验过火腿腌制的全过程，就会对我们历代火腿腌制工匠们的聪明才智肃然起敬。腌制火腿首先要掌握好"授盐"，也就是正确掌握用盐量，必须按照鲜腿大小、厚薄、气候变化准确用盐。其次，用盐次数大有讲究，也会因为气温、湿度、肥瘦大小及各地的实际情况，各有差异。一般分为五至六次用盐，腌制时间为25日至35日。

采用传统腌制技艺腌制完的金华火腿形似竹叶，肉质细腻，皮薄黄亮，肉色似火，香郁味美。一条火腿通常可细分为火爪、火膧、上方、中方和滴油五个部位。上方肉质最好，江浙名菜"蜜汁火方"中的火方就是指的金华火腿的上方。中方通常可以切丝，做成传统宴席上的高档火腿菜。火膧、火爪和滴油可以用来炖汤，用金华火腿吊出来的汤，构成了传统江浙菜乃至传统粤菜的"底味"。

金华火腿生产周期长，受自然条件影响很大，影响了产品供应和现代人的需求。现在火腿厂大都引进了现代化生产设备，生产能力大大增加。同时，在继承的基础上，对传统腌制技艺也进行了改良。例如在上盐过程中，通过控温和控湿，在确保腿胚吸收恰到好处盐量的同时，也适当降低了盐的含量，以适应今人对健康饮食的要求。但无论如何改良，金华火腿腌制技艺的核心工艺并没有改变。今天，不仅浙江地区，还包括上海地区，人们依然钟情于用传统腌制技艺制作的金华火腿。对他们来说，金华火腿，散发的是历史的味道、文化的芬芳，岁月愈久，香味愈浓。

一、要素分解

（一）物质要素

1.悠久的历史文化

金华火腿与金华城共生共长，盛衰荣辱连为一体，历史记载绵延不绝。1976 年，金华西郊古方出土的西晋（265—316）文物陶猪圈说明，早在 1700 多年前金华养猪业已非常发达，也为金华火腿悠久历史提供了间接佐证。据考证，金华火腿早在公元 6 世纪南北朝时期已享盛名，距今已有 1400 多年。唐开元二十七年（739），文字记载火腿第一人——宁波人陈藏器编撰的《本草拾遗》一书中首次记载了"火骽（据《康熙字典》骽同于腿），产金华者佳"文字，距今已有 1280 年。

宋代，社会经济发展，金华火腿产业也有了较大发展。北宋文豪苏东坡曾两度任职杭州，在他编撰的《格物粗谈·饮馔》书中首次记载了火腿的储藏与烹饪方法。南宋以后，随着中国经济重心南移，金华火腿进入一个大发展期。金华籍抗金名将宗泽把家乡腌腿带到前线去犒劳抗金将士，宋高宗赵构见其切开肉红似火，又多产于金华府八县，遂赐名"金华火腿"的传说流传至今。

元末明初平江（苏州）人韩奕著《易牙遗意》书中最早记载了火腿加工方法。至明代，金华火腿已成为朝廷必征特产之一。到了清代，火腿制作遍及金华各地，别名也颇多，有直白通俗的"烟蹄、熏蹄、腌腿"等，也有雅致脱俗的"兰熏"。民国以后，因火腿产地义乌、东阳、浦江、金华、兰溪、永康、武义等县均属金华府，故通称为"金华火腿"。民国建设黄金十年（1927—1937）是金华火腿生产鼎盛时期，各地工商史料对金华火腿出产状况均有记载。

2. 得天独厚的地理环境

金华地处金衢盆地东部，境内江河纵横，群山环绕，四季分明，年温适中。冬季气候寒冷，春季雨水充沛，日照充足，夏季漫长炎热，盆地四周群山挡住了东面海上吹来咸度较高湿润空气。独特的地理气候环境为优质火腿腌制、洗晒、发酵提供了重要的自然条件。

自古以来，金华物阜民丰，南方丘陵山地为生猪养殖业提供了丰富的饲料资源。据金华郊区古方地区出土的西晋（265—316）陶猪和陶猪圈文物考证，早在1700年前，金华地区生猪养殖业已相当发达，这为金华火腿生产提供了充足的原料资源。

随着人口增加经济发展，养猪业随之发展，自然产生了对猪肉保存的需求。勤劳智慧的古婺先民在猪肉保存实践中，借助得天独厚的地理环境，逐步摸索出了用食盐腌制猪腿然后干燥保存的火腿加工工艺，并在1000多年的流传中，日臻完善。独特的地理气候条件，千年流传的完美工艺，加上祖先为金华火腿业培育的优良原料猪种"两头乌"，最终造就了"金华火腿"这一绝世佳品。在一代又一代火腿匠人的努力下，创造和发展了许多金华火腿的名品。

3. 优质的原材料

金华火腿的选料也非常有讲究，优质的金华火腿选用金华本地特色猪种——两头乌。"两头乌"有"中华熊猫猪"之称，是猪中的贵族，两头乌在好山好水的深山农场中自由成长。它采用天然蔬菜、五谷饲料喂养，并有专家为它们定制食谱，以确保适当的肥瘦比例。制作金华火腿，还要选取两头乌中重量在 10—18 斤的后腿进行制作。脂肪含量高，且皮薄骨细、肉质鲜嫩浓郁。这样制作出来的金华火腿才会皮色黄亮，形似竹叶，肉色红润，香气浓郁，营养丰富，鲜美可口，既能促进食欲，增添口福，又得到滋补，增进健康，一举两得。

（二）精神要素

1. 精雕细琢、精益求精的工匠精神

金年火腿公司位于金华澧浦集镇，这里离金华市区大概有 15 千米，厂房建筑低调朴素，建厂以来一直不算起眼。直到 G20 杭州峰会之后，这里才引爆了金华人的朋友圈：G20 国宴预选的 50 道菜中，11 道与金华火腿有关。而峰会宴会上所用的金华火腿，全部来自金年。那场宴会所达到的江南味道，金年火腿扛起了重担。金年能得到这样的机会，在众多火腿品牌中脱颖而出，这与公司严格的产品质量安全管理分不开。金年产品的原料采购记录、加工者记录等一整套记录构成了产品质量追溯系统，厂区

还采用了 79 条标准，保障食品符合各个国家的要求。经过 79 条标准把关的金年火腿已经能够在世界上任何一个国家、地区畅销无阻，不会碰到因不符合当地食品标准而无法进入市场的情况。

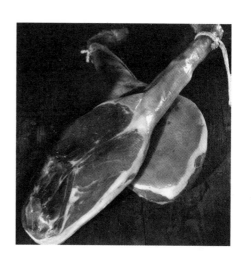

多年来，火腿手艺人钱建文担任厂长的金华金年火腿，始终坚持纯手工制作。在百舸争流的市场中，这个老字号招牌背后，凝聚的是精雕细琢、精益求精的"工匠精神"。钱建文是厂里的核心手艺人，始终遵循传统火腿的制造精要：洗、腌、晒、整形、下架、抹油、堆叠、修割，确保每一条火腿都在冬至至立春期间制作，在自然通风的环境下发酵。一只火腿从加工到产出需要 10 个月至 1 年的时间，

而优质的火腿需要在特制的仓库里经历漫长的堆叠，汲取着四季不同的天地精华，才能形成外形考究、香醇四溢的金华火腿。

2."以创新为先导，以市场为依托"的理念

金字火腿是专业生产火腿、特色肉制品及进口品牌肉的现代化食品加工企业，也是我国火腿行业目前唯一一家上市公司。作为一家在金华本土创立、发展、成长起来的企业，从创业初期的白手起家，到目前行业领军企业，金字火腿一步步稳健走来，真正做到了历史传承与时代潮流的有机结合，走出了一条具有自身特色的创新发展之路。

金字火腿坚持传统工艺精髓不变化，同时通过不断引进先进设备，借助现代生物工程技术，开展技术创新，优化资源配置，推动产业转型升级一直是公司的优先选择。公司产品已经从原来火腿相对单一的品种，拓展到火腿、香肠、酱肉、腊肉、调理肉制品、进口品牌肉及植物肉等系列产品。并根据大众消费新趋势，又推出金字10°鲜香肠、腊排、淡咸肉等系列新品，这些创新性产品的推出，已经得到市场的良好反馈。部分产品已经成为爆款单品，复购率高，且深受消费者的好评。

3. 与时俱进的时代精神

随着社会发展，火腿原料和加工环境也在与时俱进。火腿加工从传统的"靠天吃饭"，逐步实现现代化加工。企业走出国门学习交流，引进先进的全流程封闭式生产工艺，采用室内阳光房洗晒，全程控温控湿，大大提升了优级品率。例如金字火腿年产36万条火腿的现代化生产线只需18个工人，相比传统工艺所需的90个工人，用工年成本至少节省400多万。

消费环境和消费方式的变化，也使得金华各大火腿公司营销模式在不断与时俱进，与消费者互动方式日益多样化。各企业紧紧抓住现代信息技术所带来的线上销售爆发式发展机遇，在继续深耕线下渠道的同时，全面布局直播电商、内容电商、社交电商、生鲜电商、社群团购等新型电商平台，以更新颖的销售形式、更直观的销售体验和更便捷的销售服务，满足消费者的日常美食需求。全渠道布局线上和线下，实现协同发展，与消费者保持密切沟通。

（三）制度要素

1. 复杂的腌制技艺

金华火腿腌制技艺工艺复杂，总体上分为低温腌制、中温脱水和高温发酵三个技术阶段。金华火腿选材严格，须选用产于浙江金衢盆地的"两头乌"的后腿为制作原料。"两头乌"即金华本地土猪，又称金华猪。其体型中等，全身皮毛中间白，头、臀和尾巴黑，皮薄骨细，肉质鲜美。制作火腿的腿胚要求皮薄爪细，腿心饱满，瘦肉多，肥膘少，肉质鲜嫩，以5至7.5公斤的新鲜后腿最为适宜。精选出来的"两头乌"后腿要经过整理、削骨、开面和修理腿毛等修胚处理，然后进行腌制。腌制方法很多，包括干腌堆叠法、干擦法和湿擦法等。上盐是腌制过程中的重要一环，腿胚前后需6次用盐。上盐后，腿胚还要经过浸腿、洗腿、整形、日晒和定型等工序处理，然后进入发酵阶段。

发酵是火腿腌制技艺中的关键一环。发酵室一般设在楼的上层，内设发酵架，俗称"蜈蚣架"。腿胚搬上楼后成对放置在蜈蚣架上进行自然发酵，要确保肉面对窗，腿胚之间留有间隙，不能直接接触。正常情况下，腿胚上楼20到30天，肉面开始生长

霉菌，以绿霉为主，黄绿相间，称为"油花"。如果肉面霉菌以白霉为主，称为"水花"，表明火腿水分含量过高、盐分含量不足。相反，如果腿胚盐分含量过高，肉面就不会生长霉菌，无法产生香气，俗称"盐花"。发酵过程中，发酵室通风要好，按照前期低后期高的要求控制气温。发酵室温度和湿度通常通过开关门窗来进行调节。晴天开窗通风，雨天关窗防潮，高温天气则昼关夜开。发酵完成后，腿胚还要经过堆叠、翻堆、分级、上油、检验包装等处理。金华火腿整个制作过程前后经过八十多道工序，历时约10个月。

除了火腿腌制的技艺外，火腿腌制质量"三签香"检验法，也是火腿工匠们在长期实践中总结出来的一套简单、所谓"三签香"检验法，即在腌制好的火腿上的规定的部位，即头签：膝关节附近，二签：髋关节附近偏腿背侧（有腰椎骨的一端），三签：脊椎与髋骨之间（近髋骨的凹弯处），用一支专用的竹签从肉面垂直插入火腿厚度的 1/3—1/2 后迅速拨出嗅其气味，香味浓郁且味正者为优。可靠的质量检验方法，不但被业内广大工匠

和消费者所认可，并被国家权威部门采纳，定为国家行业标准。

2. 传统的工艺流程

制作金华火腿的传统工艺流程主要是经过冬春夏秋四道工序，即冬季上盐腌制、春季脱水晾晒、夏季发酵成熟，到秋季成熟后堆叠，就可以形成成品火腿在市场上流通了。具体的工艺流程细分为收购土猪后腿—初步修腿—上盐腌制—浸泡洗刷—晒腿修形—上架发酵—修正定型—堆叠成熟。

（1）冬季上盐腌制。由于上盐对

温度和湿度的要求很严格，要求温度在 0℃—5℃之间，8℃为最合适的温度，火腿上盐选在金华地区立冬后至立春前这段寒冷的冬季进行。整个上盐的过程大概需要一个月时间，而上盐得当与否关系到火腿成品的质量优劣，所以须根据腿的大小、肉质粗细、温度高低灵活掌握上盐时间及用量。金华民间就有关于金华火腿腌制上盐的俗语："头盐上壤盐，大盐雪花飞，王盐四盐扣骨头，五盐六盐保签头。"上盐腌制的环节是金华火腿传统制作技艺的核心技艺之一，金华火腿传统制作的上盐需要六次，上盐间隔时间不同，上盐次数频繁，整个上盐的过程长达 25—35 天的时间之久。判断上盐是否足够就是要靠猪腿是否已经胳透肉质松软为标准，而这就需要代代相传的经验。

（2）春季脱水晾晒。经过一个多月上盐后，鲜猪腿就变成"咸腿"。此时咸腿表面会黏有一些没有被吸收的盐粒以及很多杂质残毛油渍并形成一层黏膜，必须及时洗晒，保持清洁卫生，防止变质。需要将这些咸猪腿肉面朝下并整个全部放入水温约 10 度的清水中浸泡十小时左右。浸泡完毕后，将咸腿拿出，用竹刷逐只进行洗刷，将附着在皮表面的油渍残毛等刷洗掉，随后将洗刷好的咸腿再一次放入清水中浸泡大约两三个小时漂洗干净。待脱完水后，将咸猪腿拿到通风光照好的地方晾晒了，用麻绳将漂洗干净的咸猪腿每两只连在一起，猪腿的肉面朝阳，一高一低挂在晒腿架上晾晒。当猪腿挂好后，及时查看腿表面是否残留油渍等并做清理，大约晾晒五六天后，猪腿表面开始溢出油脂，皮紧黄亮。在晾晒过程中，待腿表水分略干，就可将这些咸猪腿进行整理修形了，将猪腿放在教形凳子上，绞直猪脚骨，拍平猪皮表面，使猪腿呈为爪弯脚直、腿心丰满、皮面平整的竹叶形状。

（3）夏季发酵成熟。咸猪腿经过脱水晾晒后的就是"干猪腿"，接下来就是将整理修形好的干猪腿上架发

酵了，使得猪腿逐渐成熟利于长期保存。因为干腿无论从外形色泽还是含水量特别是香味来说，都没有达到火腿成品要求。所以这时就需要将干腿移到发酵房上架发酵，使得干腿中的水分进一步蒸发定形。用来发酵猪腿的发酵房，必须通风干燥卫生，要做到稳定，如果温度过高，容易诱发虫害，火腿失油过多，成品率降低，而过低的温度则会影响催化酶正常发酵，猪腿出现外干里不干的情况，晴天要做到日间关闭门窗，夜间开启通风，雨天潮湿必须关闭门窗防止雨水打湿猪腿。

（4）秋季堆叠。干猪腿经过半年之久的晾晒发酵之后，这时候就需将火腿从发酵房的架子上取下来，称之为"下架"，并用竹扫帚逐只刷掉腿面上黏着的细菌污垢，随后将火腿按照大小分别叠放在腿床上，肉面朝上，每隔五六天就要翻动一次，用菜油涂擦肉面。经过大约半个月左右的堆叠上油翻动，火腿肉质会变得柔软，香气浓郁，色泽油亮，此时火腿成品就完成。

二、核心基因提取与评价

基于对材料的全面、深入分析，可将本文化元素的核心基因表述为"精雕细琢、精益求精的工匠精神""复杂的腌制技艺""传统的工艺流程"。

金华火腿核心文化基因评价依据

评价项目	评价因子	评价依据（特点）	是否
生命力评价	文化基因存续的时间	自出现起延续至今，未曾明显中断	√
		自出现起延续至今，但多次衰微、中断后复兴	
		曾明显衰败，改革开放后开始复兴或历史溯源关键环节缺失，难以考证	
		文化形态主体已灭失，现存部分痕迹	
	文化基因的稳定性	在发展过程中保持相当稳定的状态	√
		在发展过程中存在明显的精神内涵、表现形式剧变	
凝聚力评价	文化基因的凝聚力及社会动员效果	曾广泛凝聚起区域群体的力量，显著推动过社会经济文化的发展	
		曾部分凝聚起区域群体力量，对社会经济文化的发展产生过影响	√
		凝聚过力量，创造过实际的发展动能，但未见对社会经济文化发展产生显著改变	
		仅在历史文献或口耳相传中存在，未见实际介入社会经济发展	

评价项目	评价因子	评价依据（特点）	是否
影响力评价	辐射的范围	具有全国性、世界性的影响力	√
		具有长三角区域、浙江省影响力	
		具有市县、乡镇影响力	
	提炼的高度	已经被古代文人士大夫和当代学者提炼为精神符号和理念理论	
		单纯的样式、造型、工艺技术规范	√
发展力评价	与当代精神追求和价值观念的契合	传统文化基因得到创造性转化、创新性发展；区域革命文化基因被完整继承、广泛弘扬；区域社会主义先进文化基因成为与浙江"三个地"相适应的文化高地	√
		部分转化、部分弘扬、部分发展	
		难以转化、难以弘扬、难以发展	
说明：基因特点评价是对解码出来的基因，根据本《导则》表2的要求，围绕"四个力"逐一对表打"√"，进行定性表述			

（一）生命力评价

金华火腿，始于南北朝，兴于明清，繁盛至今，有1400多年历史，是金华的一张金名片。作为浙江老字号品牌的杰出代表，曾被列为皇室贡品，并斩获巴拿马国际商品博览会金奖等多个国际奖项。金华火腿，火腿中的"精华"，是金华最具特色的地方特产和城市名片，这份浓郁的香气和舌尖的美味在一代代金华人的匠心传承中走过了上千年，给这座城市烙上了深深的文化印记，成为金华不可或缺的金字招牌。

（二）凝聚力评价

具有风味独特、外形美观、肉质细致、腿心饱满、香气清醇、美味可口等特色的金华火腿，是祖祖辈辈的腌腿制作工匠们冒严寒、顶酷暑，反复地叠腿，堆高，拆堆，修刀补盐后再叠高，几天后再拆堆，不厌其烦地检查、修整，精益求精，用汗水和智慧打造出来的。因此，金华火腿的成名史，就是几代火腿工匠们的创业史。"金字火腿""雪舫蒋腿""宗泽火腿""四路火腿"及一批散落在民间的火腿作坊，造就了一批火腿工匠，诸如国家级非物质文化遗产代表传承人于良坤、浙江省非物质文化遗产传承人方锡潜、金华火腿厂退休师傅王炳福等，他们爱岗敬业，乐于奉献，以主人翁的姿态全身心投入。他们钻研技术，精益求精，做创新发展的先行者，为金华火腿产业的持续健康发展提供着智慧和力量。

（三）影响力评价

金华火腿色泽鲜艳，红白分明，瘦肉香咸带甜，肥肉香而不腻，美味可口；内含丰富的蛋白质和脂肪，多种维生素和矿物质；制作经冬历夏，经过发酵分解，营养成分更易被人体所吸收，具有养胃生津、固骨髓、健足力、愈创口等作用，金华火腿与意大利的帕尔玛火腿、西班牙的伊比利亚火腿并称为"世界三大火腿"。在1929年，金华火腿就获得杭州西湖国际博览会特等奖。至此，金华火腿走出了国门，成为具有世界级影响力的中华美食。

（四）发展力评价

金华火腿是金华的金名片，年产量达到400万只，产量占浙江省火腿份额98%以上。为了让金华火腿产业健康发展，保障金华火腿产品质量，2021年4月7日，金华举行"浙江省金华火腿产品质量检验中心"揭牌仪式。通过增加设备投资、资质扩项、人才培养、科研支撑等措施，持续提升检测技术和公共服务水平，逐步将金华火腿省级质检中心建设成为省内领先、国内一流，集检验检测、科研创新、公共技术服务于一体的高水平平台。检验中心的挂牌成立，标志着金华市火腿产业发展又增添了一个新平台，通过这个新平台的运行，利用检验检测及标准化手段，能更好地保障金华火腿产品质量，促进金华火腿产业健康发展，提升金华火腿的国际竞争力和金华火腿的新价值。助力金华火腿产业发展再上新台阶，擦亮金华火腿"金名片"。

三、核心基因保存

　　"精雕细琢、精益求精的工匠精神""复杂的腌制技艺""传统的工艺流程"是金华火腿的核心基因，其资料保存如下：《金华火腿传统工艺》等 12 项文字资料保存于金华市文化基因解码调查组资料库；以及 17 项图片资料保存于金华市文化基因解码调查组资料库。

"浙江文化基因丛书"后记

　　浙江濒海多山，古为百越之地，地少民贫。先民断发文身，披荆斩棘，筚路蓝缕，艰苦创业，卧薪尝胆，徐图自强，始稍为中原所识。山海情怀，越地长歌，独特的地理人文环境孕育出浙江艰苦奋斗、励精图治、百折不挠、勇攀高峰的地域文化性格和兼容并包、发展创新的人文精神。因以鸟虫篆、《越人歌》为表征的楚越文化交融和徐偃王流亡越地、勾践北上争霸等历史事件的发生，越地逐渐融入中原文明。及至东晋衣冠南渡，中原贤良缙绅避乱会稽，兰亭雅集、永嘉诗会，王谢风流所及，中原文化和越文化相互碰撞融合，这片神奇的土地在吸收大量中原先进文化基础上，生发出更多独具特色、丰富璀璨的文化颗粒，散点分布于浙江的山山水水之间。

　　隋唐以降，一条大运河通到钱塘，凡所流经之县域，皆成人文渊薮。浙东唐诗之路，如明珠嵌璧；越窑青瓷，千峰翠色风靡长安。浙江依托这条水上"高速公路"迅速崛起，在经济高效快速地融于全国的同时，也向全国展现了别样精彩的浙江文化，对中原产生巨大影响。唐末五代中原战乱之际，吴越国钱王保境安民，举世惶惶而越地独安，浙江又一次成为全国士子避祸传学之地，浙江的原生文化和中原文化水乳交融，极大地提高了浙江的人文学术水平。及至南宋定都临安（今浙江杭州），孔裔迁衢，杭州乃至浙江逐渐成为中华文化传承发展中心、全国的文化学术高地。有元一代，人文日渐凋敝，而浙江独领风骚。湖州赵孟頫成为有元一代赓续中华文脉之砥柱。赫赫有名的"元四家"，黄公望（常熟人，曾隐居富春）、王蒙（湖州人，曾隐居临平）、吴镇（嘉兴人，曾卖卜钱塘）、倪瓒（无锡人，曾浪迹太湖）在学习传承赵孟頫的文化艺术精髓基础上，各显其能，自成面目，为传承发展中华文化艺术作出了卓越贡献。明清以来，浙江士林，更为全国翘楚，文化勃兴，领袖群伦。浙江文脉渊深，有容乃大，继承发展，才俊迭起。事功之学、阳明心学、浙东学派、南戏越剧、《古文观止》、丝瓷茶剑、西泠印社、兰亭雅集等，更是中华文化中耀眼的明珠。浙东音声，渐如潮涌；黄钟大吕，照灼云霞。

晚清时期，中华危亡。辛亥鼎革，浙江文化所孕育的优秀儿女更是为中华千古未有之变局作出了重要贡献，秋瑾、徐锡麟、蔡元培、章太炎、鲁迅等，允文允武，可歌可泣，数不胜数。为全面赶上世界发展，全省各地掀起了重视文教事业、培养人才、发展经济的高潮。各类藏书楼、图书馆、新式院校纷纷创设，浙江人又一次发扬卧薪尝胆、奋力赶超的浙江精神，使浙江成为当时全国省域文化发达、人才众多的省份。

新中国成立后，浙江人励精图治，无论干部还是群众，都本着务实精神，立足现状，踔厉前行。即便在"文革"时期，浙江的经济、文化发展水平都显著好于其他兄弟省市，这和浙江人文内核的务实精神和文化基因的原生动力息息相关。改革开放以来，浙江更是勇做弄潮儿，充分发挥"四千精神"，培养人才，发展经济，以全国陆域较少、自然资源缺乏的省份，一举成为名列前茅的文化大省、经济强省。

历数千年，浙江以落后的山林草野原生文化，不断与吴楚和中原文化交融互鉴，融合创新，发展壮大，绝非历史偶然。浙江以其独特的文化基因和历史面貌正引起国内外专家学者的广泛兴趣，以期通过对浙江文化的研究来更好地理解中华文明，为中华文明的伟大复兴寻径探源，通过解析全省多点、散点分布的各类文化颗粒和文化价值观、文化形态、文化载体，系统研究、条分缕析在地文化基因和独特的文化原动力。构建中国文化基因理念体系，挖掘文化遗产背后蕴含的哲学思想、人文精神、价值观念、道德规范，是一项新课题、新任务。浙江在推动高水平文旅融合、建设共同富裕示范区的进程中，以解码文化基因为切入点，为构建中国文化基因理念体系提供地方经验。

研究浙江文化基因，就是对披着传统文化外衣的各类庸俗低俗的迷信活动加以甄别，科学分析，正本清源。以挖掘、激活浙江的优秀文化基因为抓手，推进文旅深度融合；有机整合乡村文化礼堂、农家书屋、场馆院团、城市书房等城乡文化资源，丰富群众文化活动。拓展新型公共文化空间，持续推动优质文化资源直达基层。为人民群众创造一个良好的文化大环境，强化文化自觉和文化自信；为浙江文化高质量传承发展厘清路径，为新时代浙江发展优秀的社会主义先进文化打好基础。文化兴则国运兴，文化强则民族强。文化基因的研究以及激活应用是浙江建设文化强省的重要切入点，是民智之本、百年大计。

我们要深入学习贯彻党的二十大精神和习近平文化思想，全面挖掘和激活浙江文化基因，推动新时代中国特色社会主义文化建设。以高质量发展为目标、融合发展为重点，紧扣激活优秀文化基因、提供优秀文化产品这个中心，厚植浙江经济社会发展文化软实力。

2024年1月，全省宣传思想文化工作会议提出，要全面贯彻习近平文化思想。浙江作为文化大省，肩负起新时代文化使命，在优秀传统文化的传承发展领域开展了积极的探索。我们要不断学习贯彻习近平总书记关于中华优秀传统文化的重要论述和关于文明交流互鉴的重要论述，让文化基因的研究成果走入校园、走进课堂，成为鲜活的爱国主义教育载体、生动的"课程思政"教育实践、开放的当代青少年国际视野素养培育抓手。将浙江文化基因研究成果制作成微视频"浙江文化基因"课程（双语），通过教育信息技术实现从碎片到整体、从实地到课堂、从单一到系列的 MOOC/SPOC 转换，实现浙江文化基因在青少年群体中的代际传递，助力文化基因融入当代、植根青年，实践出一条富有浙江特色的文化传承发展新路径，为中国"培养社会主义建设者和接班人"这一宏伟目标服务。

若有所成皆非易，凝心聚力要躬行。各地课题组在当地乡土专家和各地高校文史专家的鼎力协助下，进深山到大海，调研足迹遍布海澨山陬。通过田野调查、走访座谈、查阅历史卷宗、参考海量文献，历时五年形成的研究成果，凝聚了全省各地众多专家学者和乡土文化耆老的心血，他们为浙江的文化事业作出了很大贡献。致敬他们文化溯源的热忱，学习他们极深研几的精神，真诚感谢他们无私奉献的情怀。由于篇幅有限，涉及面广，无法一一详列参与者，在此一并致谢！

吴 越
甲辰年秋于杭州